Jiri Scherer, Chris Brügger

Innovationsmanagement für Dienstleistungsunternehmen

Ein praxisorientierter Leitfaden

Jiri Scherer, Chris Brügger

Innovationsmanagement für Dienstleistungsunternehmen

Ein praxisorientierter Leitfaden

Bibliografische Information der Deutschen Nationalbibliothek:
Die Deutsche Nationalbibliothek verzeichnet diese Publikation in der Deutschen Nationalbibliografie; detaillierte bibliografische Daten sind im Internet über < http://dnb.d-nb.de > abrufbar.

Satz, Umschlagdesign, Herstellung und Verlag:
Books on Demand GmbH, Norderstedt

ISBN: 978-3-8334-8655-5

"If you're not failing every now and again,
it's a sign you're not doing anything very innovative."

WOODY ALLEN, FILMREGISSEUR, AUTOR, SCHAUSPIELER UND MUSIKER

Inhaltsverzeichnis

1 Dienstleistungsindustrie als Wachstumssektor

„Die neunziger Jahre werden das Jahrzehnt der Dienstleistungen."
JÖRG RIEDER, DIGITAL EQUIPMENT

1.1 Dienstleistungssektor innerhalb der Gesamtwertschöpfung

Die wachsende Bedeutung des Dienstleistungssektors in der Schweiz und Europa ist unbestritten. Zur Einordnung von Dienstleistungen innerhalb der Gesamtwertschöpfung eines Landes wird in der Literatur meist das Drei-Sektoren-Modell herangezogen. Während in den westlichen Nationen der Primärsektor (Urproduktion) in wirtschaftlicher Bedeutung schon lange vom Sekundärsektor (Industrie) überholt wurde, so hat der Tertiärsektor (Dienstleistung) den Sekundärsektor in den Siebzigerjahren eingeholt und überholt.

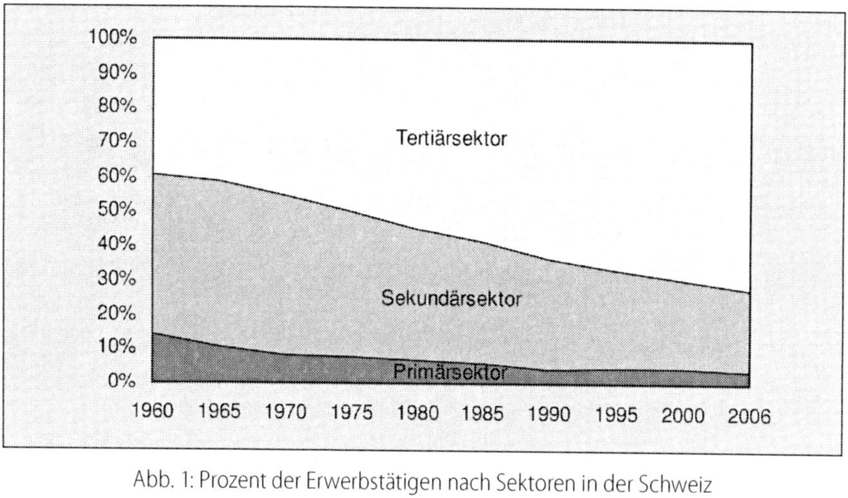

Abb. 1: Prozent der Erwerbstätigen nach Sektoren in der Schweiz

In der Zwischenzeit sind in der Schweiz und Deutschland fast 75% aller Erwerbstätigen im Dienstleistungssektor beschäftigt. In der Urproduktion waren es im Jahr 2006 in der Schweiz noch 3.8% aller Erwerbstätigen, im Industriesektor 23.7% und im Dienstleistungssektor 72.5% [2].

In fast allen hoch entwickelten Volkswirtschaften liegt mittlerweile der Anteil von Dienstleistungen am Bruttowertschöpfungsanteil und an der Beschäftigung deutlich über 60% [17].

	Bruttowertschöpfungsanteil	Beschäftigungsanteil
Deutschland	67.7%	67.5%
Frankreich	72.0%	70.6%
Grossbritannien	70.3%	75.3%
Italien	67.3%	64.9%
Japan	62.2%	60.5%
Kanada	64.7%	74.1%
Niederlande	70.4%	72.9%
Österreich	64.9%	59.2%
USA	75.4%	76.3%

Tabelle 1: Anteil von Dienstleistungen an der Bruttowertschöpfung und an der Beschäftigung

1.2 Steigende Nachfrage nach Dienstleistungen

Als Ursachen für zunehmende Dienstleistungsnachfrage beschreiben Meffert und Bruhn [13] neben der demografischen, gesellschaftlichen und technologischen Entwicklung auch die Entwicklung der Märkte und das Verhalten der Konsumentinnen und Konsumenten.

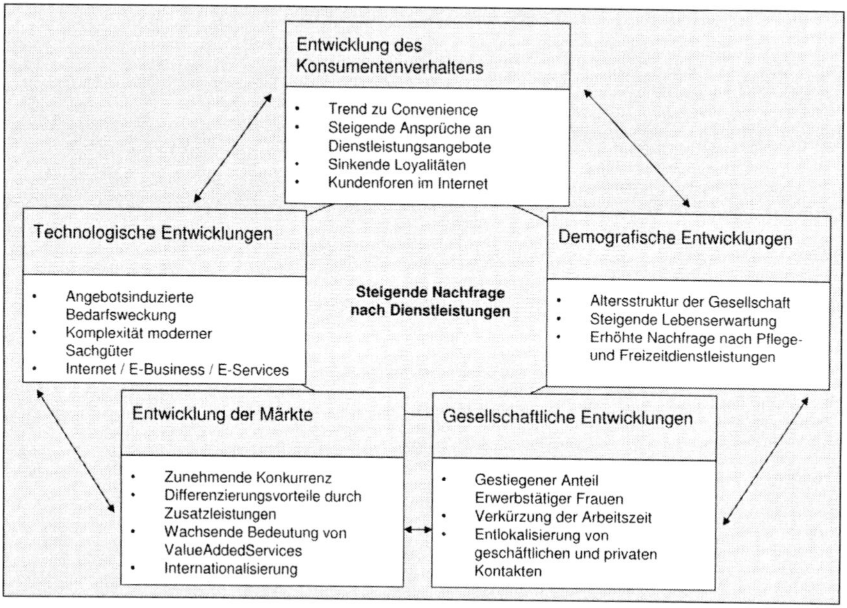

Abb. 2: Ursachen für die steigende Nachfrage nach Dienstleistungen [13]

Auch Unternehmen sind der Überzeugung, in Zukunft noch vermehrt Umsätze im Dienstleistungsbereich zu erzielen [14]. Auf die Frage: „Wie hoch schätzen Sie heute und zukünftig den Anteil neuer (maximal drei Jahre alter) Dienstleistungen am Umsatz des Unternehmens?" kamen die meisten Befragen zum Ergebnis, dass die Umsätze im Dienstleistungsbereich in Zukunft noch stark steigen werden, wie in der folgenden Abbildung dargestellt wird.

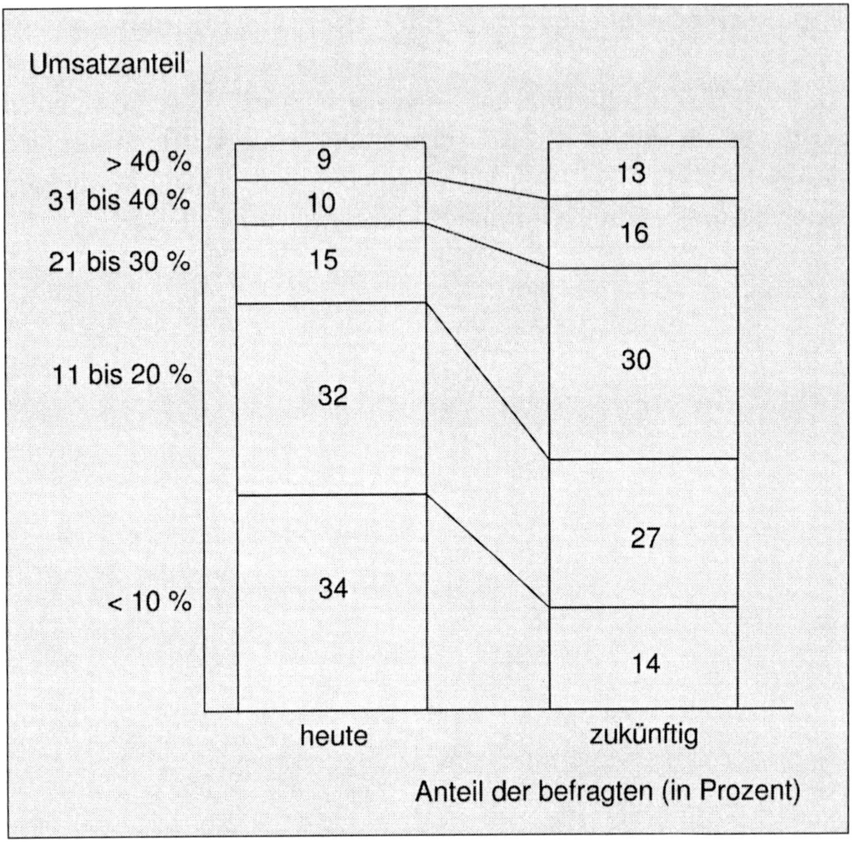

Abb. 3: Anteil neuer Dienstleistungen am Umsatz

2 Innovationsprozess für Dienstleistungsunternehmen

„Spitzenunternehmen sind ständig innovierende Unternehmen. Dass sie das sind, liegt an ihrer organisatorischen Beschaffenheit.“
ROBERT WATERMAN, AUTOR UND UNTERNEHMENSBERATER

2.1 Formalisierung von Innovationsprozessen

Die Entwicklung innovativer Dienstleistungen in einem Unternehmen basiert in den meisten Fällen auf ad hoc Entscheidungen und weniger auf einem strukturierten Vorgehen. Eine Studie des Fraunhofer Instituts für Arbeitswirtschaft und Organisation (IAO) untersuchte 1999, wie Entwicklungsprozesse in Dienstleistungsunternehmen formalisiert sind [18]. Nur gerade 24% der erfolgreichen bzw. 13% der weniger erfolgreichen Dienstleistungsunternehmen verfügen über einen schriftlich fixierten Entwicklungsprozess. Der Rest aller untersuchten Dienstleistungsunternehmen hat keinen schriftlich festgehaltenen Prozess. Die Studie zeigt, dass erfolgreiche Unternehmen eher einen schriftlich formalisierten Innovationsprozess haben, als weniger erfolgreiche Unternehmen.

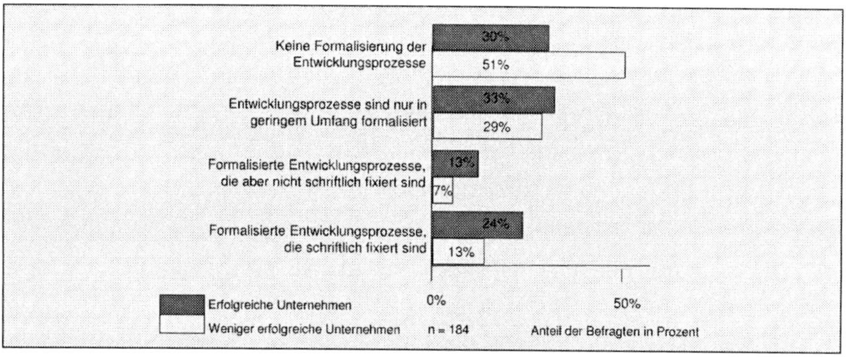

Abb. 4: Formalisierung von Entwicklungsprozesses [18]

Es ist anzunehmen, dass – würde man die gleiche Studie für Produktionsunternehmen durchführen – mehr Unternehmen über einen schriftlich formalisierten Innovationsprozess verfügen, da sich die Wissenschaft und die Praxis schon länger mit dem klassischen Innovationsprozess für Produkte beschäftigt.

2.2 Innovationsprozessmodelle für Produkte und Dienstleistungen

Die meisten Innovationsprozesse in der Literatur basieren auf den klassischen Produktentwicklungsprozessen. Hier findet sich eine grosse Anzahl unterschiedlicher Ansätze. Google listet zum Begriff „Produktinnovationsprozess" rund 1500 Hits, während zum Begriff „Dienstleistungsinnovationsprozess" unter 50 Hits aufgeführt werden!

Die Gestaltung einer innovativen Dienstleistung, wie auch diejenige einer Produktinnovation, ist als Projekt bzw. als Prozess anzusehen, welcher ausgehend von einer ersten Idee in eine für die Kundinnen und Kunden interessante Leistung enden soll. Ein Produkt- und ein Dienstleistungsinnovationsprozess sind nicht grundsätzlich verschieden. Die Ausgangslage mit einer Analyse und der Definition der Zielsetzungen sowie das Suchen und Bewerten von Lösungsvarianten sind sehr ähnlich. Es können zum Teil sogar die gleichen Methoden eingesetzt werden. Auch die Endphase des Innovationsprozesses mit der Markteinführung und der Erfolgskontrolle sind vergleichbar. Einzig die Phase „Produktion des Produktes" fällt bei der Dienstleistung weg, da nichts Physisches produziert wird.

Verschiedene Autoren und Institutionen schlagen unterschiedliche Phasen- und iterative Modelle für den Dienstleistungsinnovationsprozess vor. Die für diesen Leitfaden relevantesten Phasenmodelle sollen im Sinne eines Überblicks kurz vorgestellt werden.

2.2.1 Modell nach Scheuing und Johnson

Die Autoren schlagen ein Modell mit 15 Schritten vor [19]. Zur Verbesserung der Verständlichkeit wird das Modell in vier Phasen unterteilt:

- Direction (Phasen 1 bis 3)
- Design (Phasen 4 bis 8)
- Testing (Phasen 9 bis 11)
- Introduction (Phasen 12 bis 15)

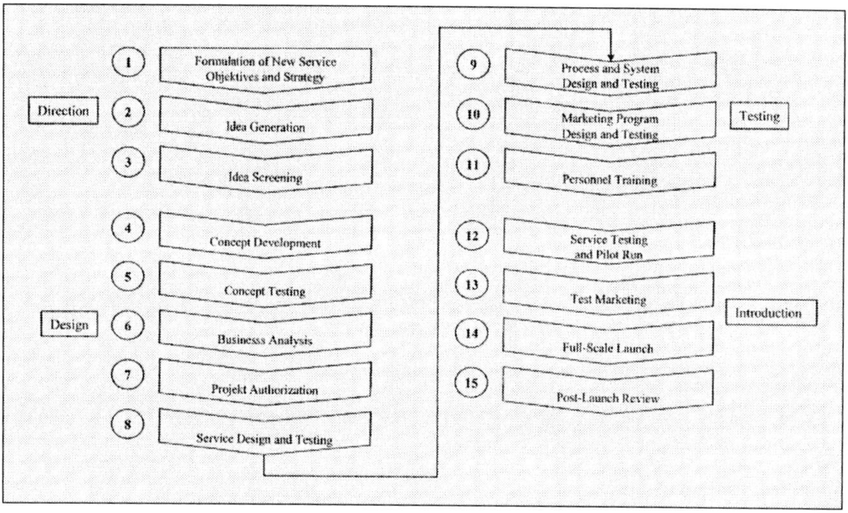

Abb. 5: Modell nach Scheuing und Johnson [19]

Bewertung des Modells:
Der Prozess ist sehr ausführlich und nicht auf den ersten Blick verständlich. Das Modell eignet sich eher für Innovationsprojekte grösseren Ausmasses.

2.2.2 Modell nach DIN

Im DIN Fachbericht 75 von 1998 wird das folgende Modell für die Entwicklung innovativer Dienstleistungen vorgeschlagen [20]. Das Modell ist ein Prozess in sechs Phasen, wobei die Aufnahme der Anforderungen, das Design und die Einführung der Dienstleistung als Kern des Modells herausgestellt werden.

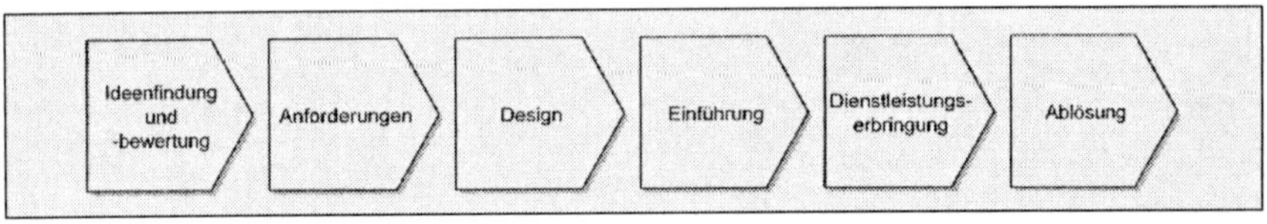

Abb. 6: DIN Phasenmodell zur Entwicklung von Dienstleistungen [20]

Bewertung des Modells:
Das DIN Model ist kurz und klar. Die eigentliche Innovationsphase wird nur mit den ersten drei Phasen abgebildet. Die letzten drei Phasen betrachten die Einführung, den Betrieb und die Ablösung.

2.2.3 Service Engineering Modell Fraunhofer Institut

Das Fraunhofer Institut Modell ist dem Modell nach DIN ähnlich, hat jedoch nur fünf Phasen und wirkt dadurch noch etwas leichter. Interessant ist bei diesem Modell die Aufteilung in Produkt, Prozess und Ressourcen in den Phasen drei und vier.

Bewertung des Modells:
Ein sehr klar strukturierter und übersichtlicher Prozess, der die Hauptinhalte der einzelnen Phasen aufzeigt. Dieser Prozess dient als die eine Grundlage für den Dienstleistungsinnovationsprozess dieses Leitfadens.

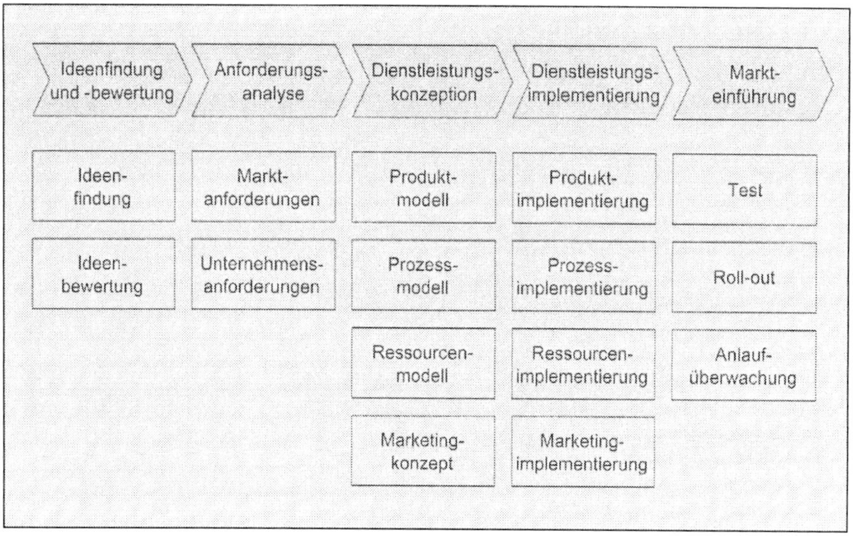

Abb. 7: Service Engineering Model Fraunhofer Institut (IAO) [15]

2.2.4 Stage-Gate-Prozess

Das so genannte Stage-Gate-Modell für Produktentwicklung von Cooper schliesslich ist ein managementorientiertes Entwicklungsmodell [21].

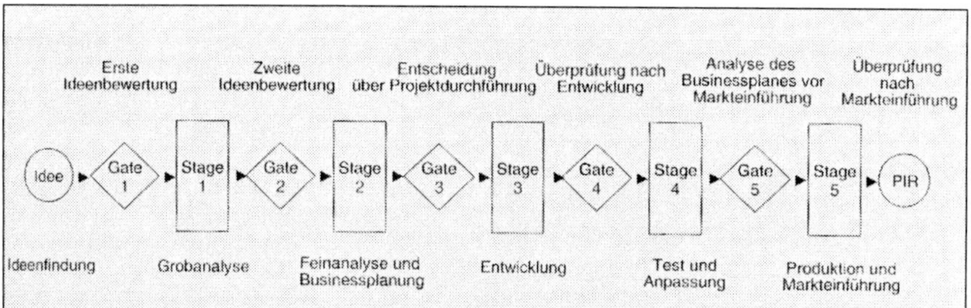

Abb. 8: Stage-Gate-Prozess für Produktentwicklung [21]

Bewertung des Modells:
Das Stage-Gate-Modell ist in erster Linie ein Innovationsprozess für Produkte. Der Gedanke mit den einzelnen Gates wird in diesem Leitfaden weiter gezogen.

2.3 Ergebnisorientierter Innovationsprozess für Dienstleistungsunternehmen

Eines der Hauptziele dieses Buches ist es, einen einfachen, praxisnahen und übersichtlichen Innovationsprozess aufzuzeigen, der klare Ergebnisse und eindeutig zugeordnete Werkzeuge aufweist.

Der im Folgenden beschriebene ergebnisorientierte Innovationsprozess für Dienstleistungsunternehmen ist eine Kombination des Stage-Gate-Modells von Cooper und des Service Engineering Modells des Fraunhofer Instituts. Zusätzlich zeigt das Modell, dass jede Phase ein klares Ergebnis hat.

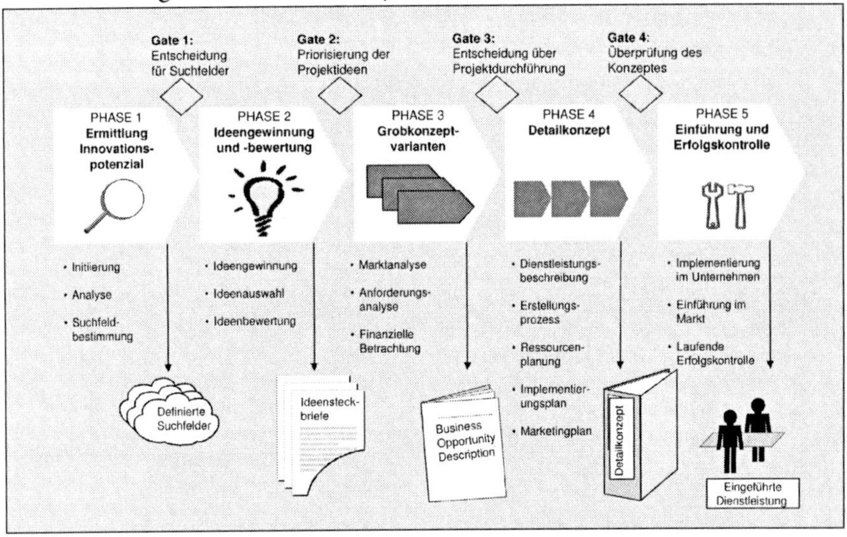

Abb. 9: Ergebnisorientierter Dienstleistungsinnovationsprozess

In der Phase „Ermittlung Innovationspotenzial" wird ein Innovationsprojekt angestossen. Es wird eine Analyse der Ausgangslage durchgeführt und das Suchfeld wird eingegrenzt. Das Ergebnis der ersten Phase ist eines oder mehrere festgelegte Suchfelder, in welchen nach Innovationsideen gesucht werden soll. Das Management entscheidet sich bei Gate 1 für eines oder mehrere dieser Suchfelder.

In der zweiten Phase werden Ideen mit unterschiedlichen Methoden und Vorgehensweisen gesammelt. Ideen können aus dem Ideenmanagement entspringen oder es wird ein Ideenfindungsworkshop mit Einbezug von Kundinnen und Kunden durchgeführt oder es ergeben sich durch die Beobachtung des Marktes und der Mitbewerbenden neue Ideenansätze. Die so gewonnenen Ideen werden mit qualitativen und quantitativen Methoden bewertet, um jene Ideen mit dem grössten Potenzial herauszuschälen. Das Ergebnis der Phase „Ideengewinnung und –bewertung" ist eine Anzahl von Ideensteckbriefen, auf welchen die potentesten Ideen dokumentiert sind. Bei Gate 2 priorisiert das Management die Ideensteckbriefe und entscheidet, welche und wie viele Projektideen in die dritte Phase übergeleitet werden.

In der dritten Phase „Grobkonzeptvarianten" werden die ausgewählten Projektideen weiter ausgearbeitet. Die Anforderungen der Kundinnen und Kunden an die Dienstleistung werden abgeklärt und die finanzielle Seite wird beleuchtet. In einer „Business Opportunity Description (BOD)" – eine Art Minibusinessplan – werden die Erkenntnisse dokumentiert. Das Management entscheidet bei Gate 3 aufgrund der BOD, ob ein Projekt durchgeführt oder gestoppt wird.

Nach der Freigabe des Innovationsprojektes durch das Management wird das Projekt in der Phase vier im Detail beschrieben. Der Leistungserstellungsprozess wird konzipiert und die notwendigen Ressourcen werden eingeplant. Als Vorbereitung für die Markteinführung werden in dieser

Phase ein Implementierungsplan und der Marketingplan erarbeitet. Bei Gate 4 wird das Detailkonzept zum letzten Mal durch das Management geprüft und abgesegnet.

In der fünften und letzten Phase „Einführung und Erfolgskontrolle“ wird das Innovationsprojekt im Unternehmen implementiert und am Markt eingeführt. Laufend werden die Feedbacks des Marktes aufgenommen und falls notwendig Anpassungen vorgenommen.

3. Phase 1: Ermittlung Innovationspotenzial

«Jeder Mensch ist von Gelegenheiten umgeben. Aber diese existieren erst, wenn er sie erkannt hat. Und er erkennt sie nur, wenn er nach ihnen sucht!»
Edward de Bono, Autor

Bevor nach konkreten Ideen gesucht werden kann, müssen erst das Unternehmen sowie Entwicklungen im Umfeld des Unternehmens genauer betrachtet werden. Nach einer Analyse der Ausgangslage können Suchfelder definiert werden. Die Bestimmung von Suchfeldern ist wichtig, damit nicht ziellos nach Innovationsprojekten gesucht wird. Das Ergebnis der ersten Phase sind definierte Suchfelder, die durch das Management priorisiert werden.

3.1 Initiierung von Dienstleistungsinnovationen

Innovationen in einem Unternehmen können unterschiedlich angestossen werden: Auf der einen Seite können Innovationen durch die Wahrnehmung eines Problems oder einer Chance auf der Marktseite initiiert werden. Auf der anderen Seite können interne Auslöser, die sich aus der Unternehmenstätigkeit ergeben, Innovationen anstossen. Ein weiterer Innovationsimpuls sind Krisensituationen, die den Extremfall eines festgestellten Problems verkörpern [21].

Unabhängig davon, ob der Innovationsprozess durch externe oder interne Auslöser initiiert wird, muss zu Beginn eine systematisch durchgeführte Situationsanalyse durchgeführt werden. Deren Ziel ist eine möglichst exakte Beschreibung und Beurteilung der Ausgangssituation.

3.2 SWOT als Situationsanalyse

Es gibt eine grosse Anzahl von Methoden aus dem strategischen Management für die Situationsanalyse. Ob der Vielzahl kann der Praktiker leicht die Übersicht verlieren. Ein klassisches und einfaches Instrument, um einen Überblick über die Ausgangslage eines Unternehmens und Entwicklungen aus dem Umfeld zu gewinnen, ist die SWOT Analyse. Die SWOT beschreibt die Stärken (Strengths) und Schwächen (Weaknesses) des Unternehmens sowie die Chancen (Opportunities) und die Gefahren (Threats) aus dem Umfeld.

3.2.1 Unternehmensanalyse – Stärken und Schwächen

Die Analyse der Unternehmung richtet den Blick nach innen. Welche Stärken haben wir? Mit welchen Schwächen müssen wir leben?

Stärken (Strengths): Die Stärken des Unternehmens im Vergleich zu seinen Mitbewerbenden sind herauszuarbeiten: Worin liegen die Vorteile des Unternehmens gegenüber der Konkurrenz? Was kann das Unternehmen gut? Worin liegt die Kernkompetenz bzw. das Alleinstellungsmerkmal (USP)? Welche wichtigen Ressourcen hat nur das eigene Unternehmen? Was sehen andere als Stärken des Unternehmens an?

Schwächen (Weaknesses): Die Schwächen im Vergleich zu den Mitbewerbenden sind herauszuarbeiten: Worin liegen die Nachteile? Was wird schlechter gemacht als in anderen Unternehmen? Was kann verbessert werden?

Beispiele:
- Finanzielle Resultate
- Technologisches Know-How
- Know-How des Managements

- Qualität der Mitarbeitenden
- Marketing
- Einkauf

3.2.2 Umweltanalyse – Chancen und Gefahren

Aus dem Umfeld einer Unternehmung können die Chancen und Gefahren abgeleitet werden. Die Umweltanalyse richtet den Blick nach aussen, das heisst auf den Markt, in die Gesellschaft, Politik, Kultur usw. Hier entstehen die zukünftigen Chancen und Gefahren, die von einer Unternehmung genutzt bzw. bewältigt werden müssen.

Chancen (Opportunities): Welche Chancen und positiven Gelegenheiten kommen auf das Unternehmen von aussen (Markt, Kunden, Gesetze, Politik, Technologien, Lifestyle der Zielgruppen...) zu? Welche interessanten Trends können ausgemacht werden?

Gefahren (Threats): Welche Bedrohungen können auf das Unternehmen zukommen? Welche Hindernisse und Probleme deuten sich bereits an? Was macht der Wettbewerb? Ändern sich die Marktanforderungen? Wird unsere Kernkompetenz irrelevant? Haben wir finanzielle Probleme? Welche Bedrohung kann unternehmenskritisch werden?

Beispiele:
- Ökonomische Rahmendaten
- Politik
- Gesellschaftliche Veränderungen
- Beschaffungsmärkte
- Absatzmärkte
- Konkurrenz
- Modetrends

Beispiel:
SWOT-Analyse eines KMU's mit den Stärken und Schwächen des Unternehmens sowie den Chancen und Gefahren aus dem Umfeld des Unternehmens.

Strengthes • Wir können als kleineres Unternehmen schnell auf Marktveränderungen reagieren • Unsere Produkte haben eine sehr hohe Qualität, die vom Markt wahrgenommen wird • Unsere Administration ist sehr schlank und dadurch kostengünstig • Wir haben wegen der momentan niedrigen Auftragslage Kapazität frei und haben daher Zeit, uns um unsere Kunden zu kümmern	**Opportunities** • Unser Zielmarkt expandiert; die Verbrauchergewohnheiten wandeln sich in Richtung unseres Produktportfolios • Unser Hauptkunde arbeitet gerne mit kleineren Unternehmen zusammen • Wir haben im Moment mehrere Innovationsprojekte in der Pipeline
Weaknesses • Wir sind im Markt immer noch wenig bekannt • Unser Management ist dünn besetzt; das Unternehmen ist daher sehr anfällig gegen Krankheit, Abwesenheit des Managements • Die nächste Finanzierungsrunde ist noch nicht gesichert	**Threats** • Werden wir den technologischen Fortschritt mitmachen können, der erforderlich ist, um die Änderungen der Verbrauchergewohnheiten zu berücksichtigen • Wir werden vom Konkurrenten aufgekauft

Tabelle 2: SWOT Analyse eines KMU

3.3 Bestimmung von Suchfeldern

Bevor mit der Gewinnung von möglichen Ideen begonnen wird, müssen erst Suchfelder abgesteckt werden, um nicht ziellos Ideen zusammenzutragen und zu bewerten. Grundsätzlich sollte der Schwerpunkt bei der Definition von Suchfeldern auf der Lösung von Kundenproblemen liegen. Die Suchfelder können sich auf die Probleme bestimmter Kunden und Kundengruppen beschränken oder sie können sich auf bestimmte Problemstellungen konzentrieren, die für alle gleich relevant sind. Um Suchfelder zu definieren, bieten sich grundsätzlich drei unterschiedliche Ansatzpunkte an [1].

- Erstens die marktseitige Betrachtung. Sie zielt auf die direkte Identifikation von Kundenbedürfnissen.
- Zweitens eine Betrachtung, die von den eigenen Kompetenzen ausgeht. Hier geht man der Frage nach, welche neuen bzw. noch nicht abgedeckten Kundenbedürfnisse ein Unternehmen mit seinen bestehenden Fähigkeiten und Kompetenzen abdecken könnte.
- Und drittens die Analyse der eigenen Wertschöpfungskette.

Die Bestimmung von Suchfeldern erleichtert nicht nur die Gewinnung von Ideen, sondern auch die Weiterverarbeitung (Sammlung, Aufbereitung und Bewertung) der erzeugten Ideen, indem sie die Aufmerksamkeit auf die als problemrelevant identifizierten Handlungsbereiche lenkt.

3.3.1 Marktorientierte Suchfeldbestimmung

Die marktorientierte Identifikation von Suchfeldern ist wohl der offensichtlichste und einfachste Ansatz. Folgende Fragen stehen im Mittelpunkt:

- Welche Bedürfnisse haben unsere Kundinnen und Kunden aktuell oder ergeben sich in der Zukunft?
- Gibt es Entwicklungen, die neue Bedürfnisse wecken könnten?
- Welche Probleme haben die Kundinnen und Kunden bei der Konsumation unserer Dienstleistung?
- Welche Dienstleistungen bieten Mitbewerbende an und wo könnten wir uns unterscheiden?

3.3.2 Kompetenzorientierte Suchfeldbestimmung

Ein wesentliches Merkmal der marktorientierten Betrachtung besteht darin, dass die Kunden, die man bedienen will, zumindest ansatzweise bekannt sind. Bei der kompetenzorientierten Betrachtung muss das nicht zwingend der Fall sein. Vielmehr steht hier die Frage im Vordergrund, welche Bedürfnisse in neuen Märkten, aufbauend auf bestehenden Fähigkeiten, befriedigt werden könnten. Hier zielt man in erster Linie auf „Nicht-Kunden" und neue Zielgruppen. Diese Betrachtungsweise eröffnet in der Regel ein grosses Spektrum an innovativen Ideen.

Als erstes müssen die Kernkompetenzen eines Unternehmens oder einer Abteilung definiert werden. Eine Kernkompetenz ist eine dauerhafte und transferierbare Ursache für den Wettbewerbsvorteil einer Organisation, die auf Ressourcen, Fähigkeiten und deren Kultur basiert [11]. Die grundlegende Idee des Kernkompetenzansatzes ist, dass Erfolge nicht zuerst auf grossartigen Produkten und Dienstleistungen, sondern auf einer einzigartigen Kombination von tief im Unternehmen verwurzelten Kompetenzen beruhen, welche die Entwicklung solcher Dienstleistungen erst ermöglichen. Kernkompetenzen sind schwierig zu imitieren und leisten einen entscheidenden Beitrag zum Kundennutzen.

Kernkompetenzen weisen immer die folgenden fünf Eigenschaften aus [11]:

- Haben einen echten Wettbewerbsvorteil
- Haben relativ hohe Eintrittsbarrieren für Mitbewerbende
- Verfügen über einen grossen Kundennutzen
- Sind nachhaltig
- Sind transferierbar auf andere Organisationseinheiten

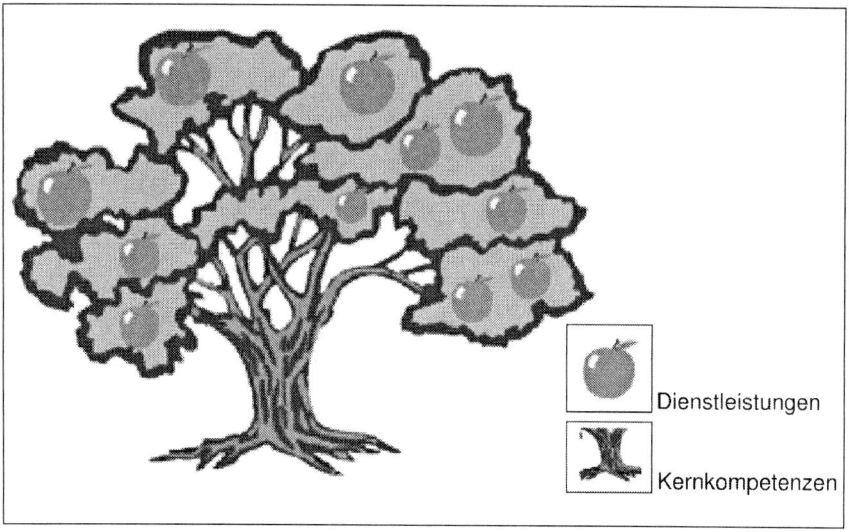

Abb. 10: Herausragende Dienstleistungen entstehen aus Kernkompetenzen [22]

An diesen Eigenschaften wird deutlich, dass Kernkompetenzen die Basis des bestehenden Unternehmens bilden und auch zum Aufbau weiterer Geschäftsfelder dienen.

Wie kann man nun die Kernkompetenzen eines Unternehmens bestimmen, um daraus Suchfelder für innovative Dienstleistungen abzuleiten? Hier ein einfaches Vorgehen [11]:

1. Auflistung der fünf bis zehn kritischen Fähigkeiten des Unternehmens, die für den Erfolg relevant sind:
   - Welche Fähigkeiten sind zur Erbringung der Dienstleistung relevant?
   - Welche Fähigkeiten sind kritisch für den Erfolg?
   - Welche Fähigkeiten werden durch die Kundinnen und Kunden wahrgenommen?

2. Bewertung der kritischen Fähigkeiten anhand der oben erwähnten fünf Kriterien (zum Beispiel mit einer Ausprägung von 1: nicht existent bis 5: sehr hoch), um die Kernkompetenzen zu bestimmen.

3. Die Kompetenzen mit den grössten Ausprägungen kann man als Kernkompetenzen eines Unternehmens bezeichnen. Oft hat ein Unternehmen zwei bis vier echte Kernkompetenzen.

4. Für welche Art von Dienstleistungen könnten diese Kernkompetenzen sonst noch eingesetzt werden? Wo sind ähnliche Kompetenzen wichtig?

Beispiel:
Ein Pizzakurier ist typischerweise nur über die Mittagszeit und am Abend voll ausgelastet. Am Morgen sowie am Nachmittag stehen die Auslieferungsmotorräder auf dem Parkplatz. Der Betreiber überlegt sich, welche Dienstleistungen er sonst noch – ausgehend von seinen Kernkompetenzen – anbieten könnte.

Folgende drei Kernkompetenzen hat der Pizzakurier definiert:

- Eingehende Bestellungen schnell und korrekt aufzunehmen
- Lieferung innerhalb von 30 Minuten im Stadtgebiet
- Einfache Zahlungsabwicklung

Der Pizzakurier überlegt sich, in welchen Bereichen sonst noch eine schnelle Bestellungsabwicklung sowie eine rasche Auslieferung notwendig ist. Er evaluiert folgende Suchfelder:

- Apotheken
- Ersatzteile
- Büromaterial

3.3.3 Kundennutzenorientierte Suchfeldbestimmung

Zahlreiche Suchfelder finden sich aber auch im Umfeld der eigentlichen Marktleistung. Eine Möglichkeit, solche Suchfelder zu identifizieren, ist die so genannte Kundennutzen-Matrix [3]. Sie geht von der Tatsache aus, dass Kundinnen und Kunden bei der Konsumation einer Dienstleistung verschiedene Prozessschritte durchlaufen. Von der Information über die Dienstleistung bis zur Konsumation und Bezahlung werden mehrere Handlungen vollzogen. Das Ziel der Methode ist es, Ansatzpunkte für innovative Lösungen zu finden, welche die Kundinnen und Kunden bei der Ausübung dieser Handlungen unterstützen und ihnen dadurch mehr Nutzen stiften.

Eine Kundennutzen-Matrix wird in zwei Schritten erstellt:

1) Im ersten Schritt wird der Prozess aus Kundensicht systematisch dargestellt. Was „erleben" Kundinnen und Kunden, wenn sie eine Dienstleistung beziehen?

2) Im zweiten Schritt werden folgende Fragen gestellt:
   - Wo könnte man für Kundinnen und Kunden etwas einfacher machen?
   - In welchem Schritt könnte man ihnen mehr Nutzen stiften?
   - Wo könnte man ihre Risiken verkleinern?
   - In welchen Schritten könnte man mehr Spass und Unterhaltung einbauen?
   - Was würde Kundinnen und Kunden begeistern?

	Über Hotel informieren	Reservation des Zimmers	Anmeldung an Rezeption	Abend-essen	Über-nachten	Früh-stücken	Auschecken und bezahlen
Einfacher machen?							
Zusätzlicher nutzen?							
Risiko verkleinern?							
Spassfaktor?							
Was würde begeistern?							

Abb. 11: Kundennutzen-Matrix am Beispiel eines Hotels

Jedes einzelne Feld ist grundsätzlich ein Suchfeld für Innovationen. Der Reiz dieser Methode liegt darin, dass eine gedankliche Ablösung von bestehenden Dienstleistungen erfolgt und dadurch neue Suchfelder erschlossen werden.

3.4 Scheitern von Innovationsprojekten

Die Innovationsexperten Robert Cooper und Elko Kleinschmidt orten die häufigsten Gründe für das Scheitern von Innovationsprojekten vor allem in der Analysephase, weniger in der Umsetzungsphase [5]. So werden als häufigste Gründe eine unzureichende Marktanalyse sowie ein Produkt, das nicht den Kundenerwartungen entspricht, genannt. Beides Punkte, die in der Analysephase abgeklärt werden könnten.

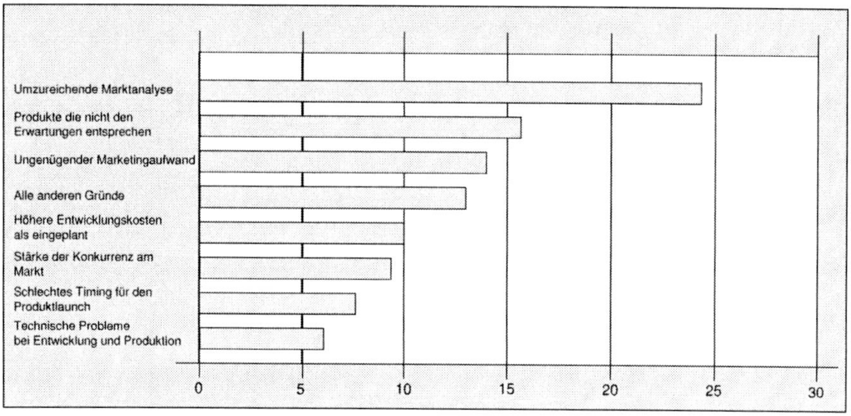

Abb. 12: Hauptgründe für das Scheitern von Innovationsvorhaben

4. Phase 2: Ideengewinnung und –bewertung

„Man muss nicht nur mehr Ideen haben als andere, sondern auch die Fähigkeit besitzen, zu entscheiden, welche dieser Ideen gut sind.“
LINUS CARL PAULING, CHEMIKER,
ZWEIFACHER NOBELPREISTRÄGER

In der Literatur und in der Praxis finden sich eine grosse Anzahl unterschiedlicher Methoden und Quellen der Ideengewinnung und der Bewertung. Oft werden sowohl die Gewinnung als auch die Bewertung wenig systematisch angegangen. Neue Ideen entstehen durch Zufall, durch die besondere Leistung eines Mitarbeitenden oder aufgrund einer brennenden Problemstellung. Sie entstehen weniger dank einem formalisierten Prozess. Auch die Bewertung von Ideenansätzen läuft oft eher intuitiv und wenig strukturiert ab. In diesem Kapitel werden die erfolgsversprechendsten Methoden zur Ideengewinnung sowie praxisorientierte Methoden zur Ideenauswahl und -bewertung aufgeführt. Das Ergebnis der zweiten Phase ist eine Anzahl von konkreten Projektideen, aus welchen jene mit dem grössten Erfolgspotenzial ausgewählt werden.

4.1 Quellen und Methoden der Ideengewinnung

Die einen Methoden der Ideengewinnung beruhen eher auf unternehmensinternen Quellen, während die anderen auf externe Quellen zielen, wie die folgende Tabelle zeigt.

Auf der Ebene „Ideen entwickeln“ geht es um die Ideengenierung, unter anderem mit Kreativitätstechniken sowie Methoden zum Einbezug Dritter. Diese Methoden werden in Abschnitt 4.1.1 und 4.1.2 vorgestellt.

Unter „Ideen sammeln“ versteht man Ideenmanagementsysteme im Unternehmen, wie das klassische Vorschlagswesen sowie die Marktbeobachtung mittels Konkurrenzanalysen, Trendstudien und Marktforschung. Die wichtigsten Methoden der Ideensammlung werden in Abschnitt 4.1.3 und 4.1.4 besprochen.

	Intern	Extern
Ideen entwickeln	Ideengenerierung Kreativitätstechniken	Einbezug Dritter Kunden- oder Expertenworkshops Kundenbeobachtung Open Innovation
Ideen sammeln	Informationssystemen Vorschlagswesen Ideenwettbewerbe Service Gap Analysen Kundenreklamationen	Marktbeobachtung und Benchmarking Konkurrenzanalysen Marktforschung Trendstudien Referate, Kongresse, Seminare, Messen Fachliteratur

Tabelle 3: Quellen und Methoden der Ideengewinnung

Tom Sommerlatte von der Beratungsfirma ADL hat die Suche nach Innovationsideen mit dem Fischfang verglichen: „Das Spektrum der Quellen und Techniken zur Gewinnung von Innovationsideen ist wie ein Netz, mit dem das Unternehmen auf Fischzug geht. Der einzelne Fang kann nicht vorherbestimmt werden, insbesondere nicht der des grossen Fisches, der sich im Netz befinden kann oder nicht. Aber je umfassender und kontinuierlicher die Netze ausgeworfen werden, umso grösser ist die Wahrscheinlichkeit, dass die richtigen Innovationsideen erfasst werden."

Wie wichtig es ist, zu Beginn eine grosse Anzahl von Ideen zusammenzutragen, zeigt eine Studie des Beratungsunternehmens Kienbaum [10], die in der folgenden Grafik visualisiert ist. Aus rund 2000 fixierten Erstideen der befragten Unternehmen wurden in einem ersten Bewertungsschritt rund 75% aller Ideen gleich verworfen. Nur gut 500 wurden in Form von grösseren und kleineren Projekten weiterverfolgt. Aus den rund 500 Projekten ergaben sich 180 Produkte, die im Markt lanciert wurden. Rund 50 Produkte konnten sich eine längere Zeit auf dem Markt halten, aber nur 11 Produkte waren wirklich erfolgreich. Die anderen 41 waren entweder Verlustbringer oder mässig erfolgreich.

Nimmt man die Studie von Kienbaum als Massstab, würde dies bedeuten, dass für jedes erfolgreiche Produkt oder jede erfolgreiche Dienstleistung rund 170 Erstideen gewonnen werden müssen!

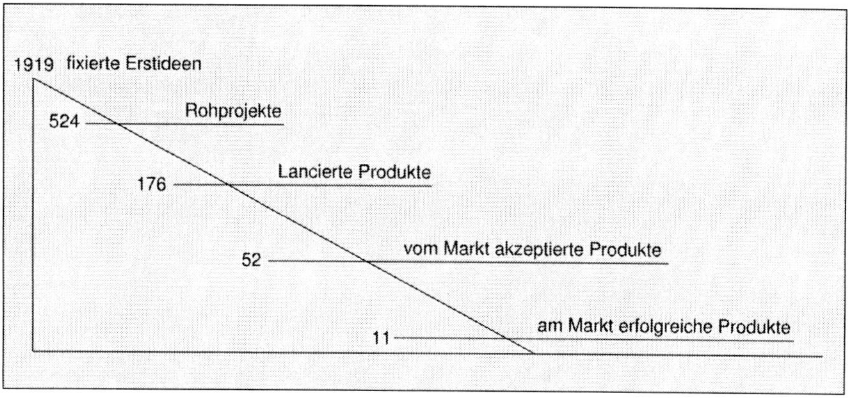

Abb. 13: Verhältnis von fixierten Erstideen und erfolgreichen Produkten

4.1.1 Ideen entwickeln mit Kreativitätstechniken

Neben den allgemein bekannten Kreativitätstechniken wie Brainstorming und Mind Mapping gibt es eine grosse Anzahl weiterer Methoden, um den Ideen auf die Sprünge zu helfen. Viele dieser Techniken sind effektiver und effizienter als ein unstrukturiertes Brainstorming.

Es gibt zum einen die intuitiv-spontanen Methoden, die viel Raum für Fantasie offen lassen, zum zweiten die schöpferisch-konfrontativen Methoden, mit welchen man oft auf ganz wilde Ideen kommt und zum dritten die systematisch-diskursiven Methoden, die sehr fokussiert sind und oft schnell zu umsetzbaren Lösungen führen.

Intuitiv-spontane Methoden	**Schöpferisch-konfrontative Methoden**	**Systematisch-diskursive Methoden**
Brainstorming Mind Mapping Brainwriting / 6-3-5* Galerietechnik	Synektik Semantische Intuition* Reizwortanalyse* Kopfstandtechnik Bionik	Osborn-Checkliste* Morphologischer Kasten* SIL Methode* Funktionsanalyse Problemlösungsbaum

Tabelle 4: Einordnung der kreativen Methoden

* *Diese Methoden werden detailliert erläutert, da sich diese besonders gut für Dienstleistungen eigenen.*

4.1.1.1 Brainwriting / 6-3-5 Technik

Erläuterung der Technik

Die Technik des Brainwriting ist im Prinzip eine verbesserte Variante des Brainstormings. Der Unterschied besteht darin, dass während eines Brainwriting – im Gegensatz zum Brainstorming – nicht gesprochen wird. Die Teilnehmenden schreiben ihre Ideen auf, anstatt sie in die Runde zu rufen. Dieses Vorgehen hat wesentliche Vorteile. Diese überwiegen so stark, dass ein Brainwriting immer dem Brainstorming vorzuziehen ist.

Die Technik wird oft auch 6-3-5 genannt, weil in der ursprünglichen Form sechs Teilnehmende jeweils drei Blätter erhielten und jedes Blatt fünfmal den Besitzer wechselte.

Vorgehen:

1. Die Problemstellung wird gut sichtbar auf einen Flipchart geschrieben.
2. Alle Teilnehmenden erhalten drei Blätter. Auf jedem Blatt gibt es sechs Felder.
3. Jede Person schreibt in das erste Feld jedes Blattes jeweils eine Idee und reicht die Blätter dann im Uhrzeigersinn der nächsten Person weiter.
4. Die Nachbarin resp. der Nachbar liest die bereits aufgeschriebenen Ideen, lässt sich davon inspirieren und versucht die Ideen weiterzuentwickeln, beziehungsweise darauf aufzubauen. Dieser Vorgang wird fünf Mal wiederholt bis alle Kästchen auf den Blättern ausgefüllt sind.
5. Die Blätter werden anschliessend eingesammelt, gemischt und wieder verteilt. Das Mischen hat den Vorteil, dass danach niemand mehr weiss, wer welche Idee aufgeschrieben hat. Denn oft wird die Qualität einer Idee am Ideengeber oder der Ideengeberin gemessen.
6. Die Blätter werden wieder verteilt. Die Teilnehmenden machen eine erste Grobauswahl und schreiben jene Ideen auf Moderationskärtchen, die ihnen am besten gefallen. Jede Person sollte etwa 2 bis 5 Ideen aufschreiben.
7. Diese Ideen werden nun gesammelt und präsentiert. Jeder Teilnehmende heftet dabei „seine“ Ideen an die Pin- oder Packpapierwand und erläutert diese.

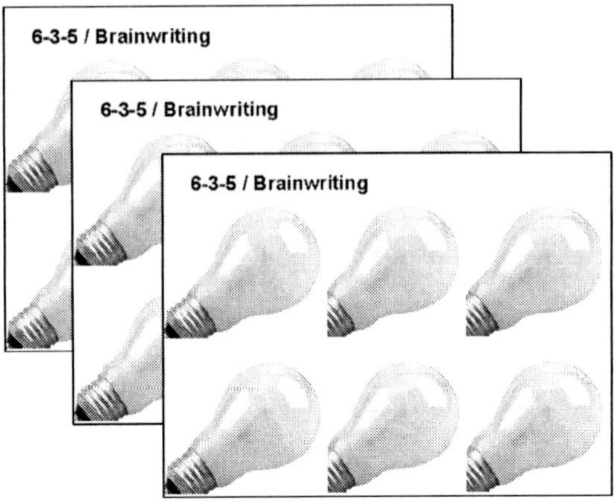

Abb. 14: Vorlage für ein Brainwriting

Praxistipp:
Brainwriting kann auch mit mehr als sechs Personen durchgeführt werden. Es können dann einfach nicht alle Teilnehmenden jedes Blatt bearbeiten. Letztlich geht es ja darum, möglichst viele Ideen zu finden und nicht darum, dass jeder jedes Blatt bearbeitet hat.

Vor- und Nachteile

- \+ Brainwriting ist sehr effizient. Bei sechs Teilnehmenden entstehen innerhalb von weniger als zehn Minuten 108 Ideen.
- \+ Die Ideen wird von der Person getrennt. Bei mehreren Teilnehmenden ist es oft nur schwer nachvollziehbar, wer welche Ideen generiert hat.
- \+ Die Technik ist sehr einfach und kann nach einer kurzen Einführung sofort angewendet werden.
- \+ Man kann die Technik auch virtuell durchführen. Die Vorlage wird auf einen Server gestellt oder den Teilnehmenden zugeschickt. Alle Teilnehmenden sind nun aufgefordert, „ihre" Ideen direkt in das Dokument zu schreiben

- Die Technik – wie auch das Brainstorming – ist nur begrenzt kreativ, da es sich dabei meist um Aufzählungen von bereits Bekanntem handelt.

Einsatzmöglichkeiten
Das Brainwriting eignet sich für verschiedenste Fragestellungen. Es ist vor allem ideal bei einer Gruppengrösse von sechs bis zwölf Teilnehmenden. Bei einer solchen Gruppengrösse wäre ein strukturiertes Brainstorming bereits schwierig, da nicht immer alle Teilnehmenden gleich oft zu Wort kommen.

Praxistipp:
Es empfiehlt sich, einen Kreativitätsworkshop immer mit einem Brainwriting zu beginnen, um alle im Raum stehenden Ideen abzuholen.

4.1.1.2 Reizwortanalyse

Erläuterung der Technik
Die Reizwortanalyse ist eine Technik, die die Bezeichnung „kreativ" wirklich verdient! Diese Technik, oft auch Zufallswort- oder Random-Input-Technik genannt, ist eine typische Konfrontations-Technik: Die Gruppe setzt sich bewusst einem zufällig gewählten Reizwort aus und versucht anhand dieses Wortes, Ideen zur Fragestellung zu generieren.

Sich einem Reiz auszusetzen führt dazu, dass das Gehirn einen Gedankensprung macht und so ungewöhnliche, zum Teil sehr kreative Ideen findet. Der Gedankensprung entsteht, indem man versucht, eine Verbindung zwischen Reizwort und Fragestellung herzustellen, wo es eigentlich gar keine Verbindung gibt. Das Gehirn wird also dazu gezwungen, eine Verbindung – sprich: eine Idee – zu finden.

Wichtig ist, dass das Reizwort zufällig gesucht und nicht einfach ein „passendes" genommen wird. Die Literatur schlägt vor, ein Lexikon oder eine

Zeitung an einer zufällig gewählten Stelle aufzuschlagen und dort ein Reizwort zu finden. Dies ist jedoch wenig praktikabel: Es dürfte den Teilnehmenden schwer fallen, anhand des Wortes „derivative Finanzinstrumente" Ideen zu suchen. Es empfiehlt sich, eine Liste mit einfachen Wörtern vorzubereiten. Eine Beispielliste mit Reizworten folgt.

Oft ist es einfacher, zu den Attributen des Reizwortes Ideen zu suchen, als zum Reizwort selbst. Zuerst wird also besser das Wort gewählt und dann die beschreibenden Adjektive dazu gesucht. Es werden also zum Beispiel nicht zu „Baum" Ideen gesucht, sondern zu den Stichworten „standhaft", „alt", „grün", „wechselnd" etc.

Beispiel neue Dienstleistungen für ein Hotel

1. Zuerst wird schriftlich formuliert, zu welcher Fragestellung eine Idee gesucht wird. Zum Beispiel: *„Welche Dienstleistungen könnten wir als klassisches Stadthotel sonst noch anbieten?"*
2. Nach dem Zufallsprinzip wird ein Begriff (Hauptwort) aus der Reizwortliste gewählt.
3. Zum zufällig gewählten Begriff werden vier bis sechs charakteristische Merkmale aufgeschrieben. Wenn der Zufallsbegriff zum Beispiel „Benzin" ist, dann könnten diese Merkmale so lauten:
   a. energiespendend
   b. flüssig
   c. explosiv
   d. etc.
4. Nun wird versucht, zwischen der Themenstellung „Neue Dienstleistungen eines Stadthotels" und jedem Merkmal Verbindungen herzustellen. Welche Ideen könnten zu „energiespendend", „flüssig", „explosiv" entstehen?
   a. Ideen zum Begriff „energiespendend":
      - Schlafraum für Geschäftsleute zur Verfügung stellen, die nach dem Mittagessen für 30 Minuten kurz ausspannen möchten.

- Beratungen zum Thema Work-Life-Balance.
- Günstige Happy Hour Massagen bis 16.00 Uhr.
- - ...

b. Ideen zum Begriff „flüssig“:
   - Zusammenarbeit mit einer Weinkellerei. Wein kann gleich im Restaurant gekauft werden.
   - Gäste können verschiedene Wasserbetten im Hotel testen und kaufen.
   - Entschlackendes „Saft-Lunch“ Paket als zwei Wochen Kurprogramm mit Beratung anbieten.
   - - ...

c. Ideen zum Begriff „explosiv“:
   - - ...

5. Dieser Vorgang wird mit einem oder zwei weiteren Zufallswörtern wiederholt. Zehn Minuten sollten für ein Zufallswort ausreichend sein.

Reizwortliste

Mit dem aktuellen Stand des Sekundenzeigers kann ein Zufallswort ausgewählt werden.

1) Radio	21) Leiter	41) Tänzer
2) Tasche	22) Büro	42) Magnet
3) Fussball	23) Hamburger	43) Krawatte
4) Spaghetti	24) Diskothek	44) Museum
5) Rose	25) Foto	45) Kokosnuss
6) Schuh	26) Wurzel	46) Pilz
7) Auto	27) Zigarette	47) Politikerin
8) Zoo	28) Wolke	48) Tiger
9) Monster	29) Diplomat	49) Schaum
10) TV	30) Rasierklinge	50) Telefon
11) Elefant	31) Zauberer	51) Segelschiff
12) Tagebuch	32) Steak	52) Spital

13) Feuerwerk	33) Zebra	53) Waage
14) Kaffee	34) Nase	54) Ferien
15) Bettlerin	35) Salz	55) Baumwolle
16) Fotokopierer	36) Ärztin	55) Schnecke
17) Schauspieler	37) Staubsauger	57) Versicherung
18) Satellit	38) Strauss	58) Kirche
19) Hund	39) Zunge	59) Adler
20) Bleistift	40) Tresor	60) Brücke

Tabelle 5: Beispiel für eine Reizwortliste

Praxistipp
Anstatt eines Wortes kann auch ein Bild gewählt werden. Die Technik heisst dann nicht mehr Reizwortanalyse sondern Bildstimulation. Die Bildstimulation ist für viele Leute einfacher als die Reizwortanalyse. Und so geht man vor: In einer Illustrierten werden die Seiten durchgeblättert. Dabei achtet man auf Bilder und Werbung und fragt sich: „Auf welche Ideen komme ich, wenn ich dieses Bild oder ein Detail daraus ansehe? Was kann ich aus diesem Bild auf meine Fragestellung übertragen? Kann ich das Muster auf meine Fragestellung anwenden?"

Vor- und Nachteile

+ Eingeschliffene Denkstrukturen werden verlassen.
+ Die Technik ist besonders effektiv, wenn zu einem Thema komplett neue Ideen gesucht werden.
+ Die Methode macht Spass, da wirklich neue und überraschende Ideen gefunden werden.
- Eine strikte Führung durch einen geübten Moderator ist notwendig.
- Teilnehmende sind oft erst skeptisch und glauben nicht, dass die Technik wirklich funktioniert.

Einsatzmöglichkeiten
Eine Reizwortanalyse sollte immer erst nach einem Brainstorming oder einem Brainwriting eingesetzt werden. Würde sofort mit der Reizwortanalyse eingestiegen, würden viele offensichtliche Ideen nicht genannt und einige Teilnehmende wären möglicherweise mit dieser Methode überfordert.

4.1.1.3 Semantische Intuition

Erläuterung der Technik
Die Semantik (Bedeutungslehre) ist das Teilgebiet der Sprachwissenschaft. Die Semantische Intuition ist eine intuitive Kreativitätstechnik, bei der durch eine zufällige Kombination von zwei Wörtern zu einem Kunstwort neue Ideen generiert werden.

Normalerweise sucht man erst eine Produkt- oder Dienstleistungsidee und sucht danach einen Namen, der zum neuen Produkt oder zur neuen Dienstleistung passt. Bei der Semantischen Intuition wird die Reihenfolge umgekehrt. Das heisst, per Zufall werden zwei Wörter aus einer vorbereiteten Liste gewählt. Die Liste wird aus 20 bis 30 Hauptwörtern aus dem der Fragestellung entsprechenden Anwendungsgebiet zusammengestellt. Die beiden Zufallswörter werden nun zu einem Kunstwort kombiniert. Durch das Kunstwort wird intuitiv eine bildhafte Vorstellung hervorgerufen.

- Wie könnte die Dienstleistung aussehen?
- Was ist der Nutzen dieser Dienstleistung?
- Wo könnte diese Dienstleistung angeboten und eingesetzt werden?
- Welches wäre die Zielgruppe für diese Dienstleistung?

Beispiel: Dienstleistungen aus dem Suchfeld „Wellness“
Nehmen wir an, gesucht ist eine neue Dienstleistung aus dem Wellness-Bereich. Die Begriffsliste für diese Fragestellung könnte wie folgt aussehen.

1) Beratung	11) Getränk
2) Sport	12) Bad
3) Leistung	13) Psychologie
4) Pflege	14) Ausbildung
5) Ausdauer	15) Training
6) Yoga	16) Urlaub
7) Ernährung	17) Entspannung
8) Schwimmen	18) Bekleidung
9) Sauna	19) Wasser
10) Massage	20) Beziehung

Tabelle 6: Begriffsliste für Wellness-Bereich

Kunstwort 1:
Durch Zufall werden zwei Begriffe ausgewählt. Werden zum Beispiel der Begriff 6 (Yoga) und der Begriff 18 (Bekleidung) gewählt, heisst unser Kunstwort „Yoga-Bekleidung".

Mögliche Idee für eine Dienstleistung zum Kunstwort „Yoga-Bekleidung":
Yoga gewinnt seit einigen Jahren immer mehr Anhänger. Es könnte zum Beispiel ein Internetshop konzipiert werden, der sich auf Yogabekleidung und -zubehör spezialisiert.

Kunstwort 2:
Die Begriffe 1 (Beratung) und 17 (Entspannung) werden zu „Beratungs-Entspannung" oder zu „Entspannungs-Beratung".

Idee für eine Dienstleistung zum Kunstwort „Entspannungs-Beratung"
Eine Person bietet grösseren Firmen im Zehner-Abonnement Entspannungsberatungen über Mittag an. Die Beratung könnte Themen wir Arbeitsplatzergonomie, Ernährung, Entspannung, Sport, Work-Life-Balance etc. beinhalten. Dass die Dienstleistung im Abonnement angeboten wird, hat

den Vorteil, dass die Entwicklung der Kundinnen und Kunden beobachtet werden kann.

Welche Ideen könnten zu den Begriffen „Urlaubs-Training" und „Getränke-Ausbildung" entstehen? Wie könnte diese Dienstleistung aussehen? Was wäre der Nutzen? Was wären die Kundengruppen?

Vor- und Nachteile

+ Die Semantische Intuition ist eine einfache, anschauliche und effiziente Methode.
+ Die Methode stimuliert das Gehirn optimal.
+ Es macht grossen Spass, die Kunstworte zusammenzustellen und sich Anwendungsmöglichkeiten vorzustellen.
- Der Nutzen der Technik ist oft erst auf den zweiten Blick sichtbar.

Einsatzmöglichkeiten

Die Semantische Intuition eignet sich hervorragend, wenn neue Produkte und Dienstleistungen innerhalb einer Produktfamilie oder für ein bestimmtes Anwendungsgebiet gesucht werden.

4.1.1.4 Osborn-Checkliste

Erläuterung der Technik

Henry Ford sagte einmal: „*Nicht mit Erfindungen, sondern mit Verbesserungen macht man ein Vermögen.*" Wie Recht er doch hat: Rund 90 Prozent aller Innovationen, die auf den Markt kommen, sind Verbesserungen oder Anpassungen von bestehenden Produkten, Dienstleistungen oder Prozessen. Nur gerade 10 Prozent sind so genannte radikale Innovationen.

Die nach Alex Osborn benannte Checkliste eignet sich besonders zur Optimierung bestehender Dienstleistungen oder Prozesse und weniger zum

Auffinden einer völlig neuen Lösung. Im Zentrum steht das systematische Hinterfragen einer bestehenden Lösung.

Was ist ähnlich?	• Gleiche Funktionen? • Welche Parallelen lassen sich ziehen?
Andere Anwendungen?	• Für andere Personen oder Zielgruppen? • Andere Anwendungsmöglichkeiten durch das Verändern des Objektes oder des Prozesses?
Anpassen?	• Wem ähnelt es? • Welche anderen Ideen suggeriert es? • Gibt es Parallelbeispiele? • Was könnte man davon übernehmen?
Verändern?	• Ihm eine neue Form geben? • Den Zweck verändern? • Den Ablauf, den Ort, die Zeit, die Leistung verändern?
Vergrössern?	• Was kann man hinzufügen? • Es widerstandsfähiger machen? • Ausbauen? Vergrössern? Ergänzen?
Verkleinern?	• Was ist entbehrlich? • Was kann man weglassen? Kann man es kleiner machen? • Kompakter? Verkleinern? Reduzieren? Weglassen? • In seine Einzelteile zerlegen?
Umformen?	• Die Bestandteile neu gruppieren? • Die Reihenfolge verändern? • Ursache und Wirkung vertauschen? • Die Geschwindigkeit verändern?
Ins Gegenteil umdrehen?	• Wie kann man das Gegenteil des Gewünschten erreichen? • Das untere nach oben bringen? • Die Rollen tauschen? • Die Position der Personen ändern? • Die Reihenfolge des Ablaufs neu ordnen?

Kombinieren?	• Mit einer Mischung versuchen? • Einen Verbund machen? • Eine Auswahl? Mehrere Objekte zu einem verbinden?

Tabelle 7: Fragen nach Alex Osborn

Vor- und Nachteile

+ Die Osborn-Checkliste lässt sich sowohl in der Gruppe als auch alleine leicht anwenden.
+ Die Methode benötigt weder grosse Vorbereitungsarbeiten noch den Einsatz von technischen Hilfsmitteln.
+ Das Vorgehen ist gut strukturiert.
- Einsatz nur für die Veränderung von bestehenden Produkten oder Dienstleistungen geeignet.

4.1.1.5 SIL-Methode

Erläuterung der Technik:

Die grundlegende Idee der SIL-Methode (Systematische Integration von Lösungen) ist es, die einzelnen Ideen der Teilnehmenden besser zu kombinieren, als dies in üblichen, meist unstrukturierten Brainstormings der Fall ist.

Nach der Klärung der Aufgabenstellung erarbeiten die Teilnehmenden für sich eigene Lösungsvorschläge. Sie wählen dann aus ihren Vorschlägen diejenige Lösung aus, die ihnen persönlich am vorteilhaftesten erscheint. Anschliessend präsentiert der erste Teilnehmende seine Lösung und überträgt die Idee mit ihren Grundzügen in die erste Spalte einer in drei Spalten aufgeteilten Pinwand. Die erste Spalte trägt die Überschrift: „Ideen der Teilnehmenden ...".

Dann wird in der Gruppe erörtert, worin der besondere Nutzen dieser ersten Idee besteht. Dabei soll der Kern der Ideen herausgeschält werden. Das Ergebnis wird in der zweiten Spalte mit der Überschrift „Kern der Idee…“ festgehalten.

Dann trägt der zweite Teilnehmende seine Idee vor, die genau so behandelt wird. Anschliessend wird im Team versucht, aus den Ideen eins und zwei eine Kombinationsidee (integrierte Lösung) zu erarbeiten, die die Kerne beider Ideen vereint. Diese Kombinationsidee wird dann in die dritte Spalte notiert mit der Überschrift „Integrierte Lösung“.

Bei der Idee des dritten Teilnehmenden wird analog verfahren, wobei es jetzt darum geht, die erste integrierte Lösung noch weiter zu verbessern. Der Prozess ist beendet, wenn alle individuellen Teilnehmerideen auf diese Weise behandelt worden sind.

Beispiel „Kabinenfährschiff“
Wie kann man die Auslastung eines Skandinavien-Kabinenfährschiffs in den touristikschwachen Jahreszeiten verbessern?

Vor- und Nachteile:
+ Alle Ideen werden berücksichtigt
+ Strukturiertes und nachvollziehbares Vorgehen
+ Optimale Synergie der Teilnehmenden
- Moderator muss geübt sein
- Eher grösserer Zeitbedarf notwendig

Erste Vorschläge der Teilnehmenden	Kern der Idee ist...	Integrierte Lösungen:
1 Fährschiff auf anderen Strecken einsetzen z.B. Winterfahrten in südliche Gewässer	Sich flexibel auf veränderte Nachfrage im Jahreszeiten-verlauf einstellen	Fährschiff sollte als Hotel-kapazität jeweils Häfen Anlaufen, in deren Städten Grossveranstaltungen (wie Messen, Kongresse, usw.) stattfinden
2 Als schwimmendes Hotel vor Anker gehen	Zweck ändern: Nicht nur primär als Transportmittel, sondern verstärkt als Unterkunft allgemein einsetzen	Wie oben zusätzlich mit Konferenzservice (Schreibbüros, Informationsdienste, usw.) Evtl. auch als Ausstellungs-fläche für Messeaussteller vermieten.
3 Kabinen umrüsten und dadurch Frachtraum schaffen	Andere Dienstleistungen erfüllen: Dienstleistungen ausdehnen	
4 Alle Vorteile einer Schiffsreise (z.B. Ruhe und völlige Abgeschiedenheit) für andere Zielgruppen als Touristen anbieten	Neue Aspekte von Schiffsreisen betonen. Weitere Zielgruppen finden die, die Vorteile von Ungestörtheit und Abgeschiedenheit usw. nutzen wollen	Sonderfahrten für grössere Gruppen um an Bord Seminare abzuhalten und Konferenzen durchzuführen usw.
5 usw.		

Abb. 15: Beispiel einer SIL Anwendung [20]

4.1.1.6 Morphologischer Kasten

Erläuterung der Technik

Der Morphologische Kasten wurde vom Schweizer Astrophysiker Fritz Zwicky an der ETH Zürich erfunden. Es ist eine systematisch-diskursive Methode, um komplexe Problembereiche vollständig zu erfassen und alle möglichen Lösungen zu betrachten. Der Morphologische Kasten ist die bekannteste unter den verschiedenen morphologischen Techniken.

In der Morphologie wird eine Themenstellung in ihre Hauptbestandteile zerlegt. Zu den Bestandteilen werden alle möglichen Lösungen bzw. Möglichkeiten aufgelistet. Diese Aufgabe ist eher analytischer Natur. Die kreative Aufgabe folgt anschliessend, indem die verschiedenen Lösungsmöglichkeiten verbunden werden.

Beispiel „Lost & Found"

Schlüsselfundmarken, wie sie von unterschiedlichen Anbietern in der Schweiz und im europäischen Ausland angeboten werden, sind praktisch, wenn ein Schlüssel verloren geht. Die Rücklaufquoten verlorener Schlüssel mit Marke sind erstaunlich hoch. Gewisse Anbieter sprechen gar von Quoten bis zu 90% in der Schweiz. Nun gehen aber mehr Gegenstände verloren als nur Schlüssel. Die Frage ist, könnte man das System der Schlüsselfundmarken nicht auch auf andere Gegenstände übertragen? Könnte man hier mit dem Morphologischen Kasten eine neue Dienstleistung entwickeln?

Vor- und Nachteile

+ Ingenieure können sich meist gut mit dieser Technik anfreunden.
+ Anerkannte analytische Methode, um neue Produkte zu gestalten.
+ Die Kombinationsmöglichkeiten sind fast unbegrenzt.
+ Alle möglichen Teillösungen werden aufgezeigt.
- Der Aufwand ist beträchtlich.
- Die Technik ist komplexer, als es auf den ersten Blick scheint.

Hauptbestandteile	Möglichkeiten				
Zielgruppe	Geschäftsleute	Jugendliche	Älter Menschen		
Zu markierende Gegenstände	Schlüssel	Mobiltelefon	PDA / Laptop etc.	Spielsachen	Sportgeräte
Markierungsart	Metallmarke	Klebeetiketten	Magnet	Aufdruck	
Identifikation	Eindeutige Nummer	Barcode	Chip	RFID	
Rückgabeweg	Persönliche Rückgabe Findern an Verlierer	Rückgabe über eine Vermittlungsstelle (ähnlich Fundbüro)	Rückgabe per Post		
Belohnung für Finder	Keine Belohnung	Fixe Belohnung CHF 50.00	Frei wählbare Belohnung je nach Wert durch Besitzer		
Gültigkeit der Dienstleistung	Nur Schweiz	Europa	Weltweit		

Klassisches Geschäftsmodell mit Schlüsselfundmarken
Innovatives Geschäftsmodell mit Klebeetiketten

Abb. 16: Morphologischer Kasten für eine neue Dienstleistung im Bereich Lost & Found

Einsatzmöglichkeiten

Der Morphologische Kasten eignet sich für komplexe Aufgabenstellungen und kommt häufig im technischen Umfeld zum Einsatz. Der Hauptvorteil des Morphologischen Kastens liegt darin, dass alle möglichen Lösungsvarianten pro Parameter aufgeführt werden.

4.1.2 Ideen entwickeln mit Einbezug Dritter

4.1.2.1 Kundeneinbindung

Das Ziel der Kundeneinbindung ist es, die aktuellen und zukünftigen Kundenbedürfnisse aufzunehmen, um diese in den Innovationsprozess einzubeziehen. Durch einen kundenorientierten Innovationsprozess wird das Floprisiko von Innovationen vermindert. Auch aus akquisitorischen

Absichten, wie zum Beispiel der Gewinnung von ersten Referenzkunden, lohnt sich eine frühzeitige Kundeneinbindung.

Die Kundinnen und Kunden können grundsätzlich in allen Phasen des Innovationsprozesses zum Einsatz kommen. Die folgende Grafik aus dem Investitionsgüterbereich zeigt, dass die Kundeneinbindung U-förmig über den Innovationsprozess verläuft, mit einem deutlichen Schwerpunkt bei der Markteinführung und der Ideengenerierung, etwas geringer ausgeprägt bei der Entwicklung und gering bei der Konzeptformulierung. Der zum Teil geringe Einbezug Kunden wird vor allem auf die fehlende Kenntnis geeigneter Instrumente bzw. die negative Kosten-Nutzen-Einschätzung zurückgeführt. Eine kontinuierliche Kundeninteraktion findet in den meisten Unternehmen nicht statt [12].

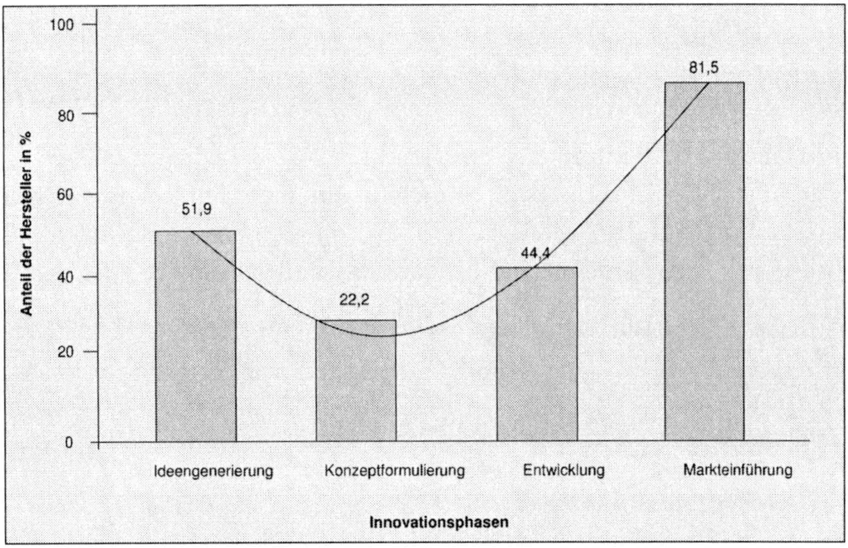

Abb. 17: Kundeneinbindung im Phasenverlauf des Innovationsprozesses [12]

Verschiedene Studien legen nahe, dass insbesondere die frühzeitige Kundenorientierung positive Auswirkungen auf den Innovationserfolg hat. Im

Folgenden werden einige Möglichkeiten aufgezeigt, in welcher Phase und mit welchen Methoden Kunden in den Innovationsprozess einbezogen werden können.

Rolle des Kunden				
Auslöser	**Ideengeber**	**Massstab**	**Co-Designer**	**Tester und Käufer**
Methoden				
- Anregungen aus Beschwerde-management - Informationen aus Verkauf - Erkenntnisse aus Marktforschung - Kundenbeobach-tung	- Kundenfeedbacks über Website - Gruppendisskus-ionen - Teilnahme an - Ideenfindungs-workshop - Open Innovation - Internetforen	- Kundenbefragung-en zur Aufnahme der Anforderungen - Grobkonzept-validierung - Arbeitskreis	- Konzeptbewert-ung durch Kunden - Experten-gespräche	- Tester - Feedback am POS - Kundenzufrieden-heitsanalysen

Abb. 18: Ansatzpunkte für die Kundenintegration

Diverse Autoren argumentieren, dass es wenig sinnvoll sei, Kunden zu Innovationen zu befragen. Dies, da es ihnen oft an Vorstellungsvermögen mangle, was alles möglich wäre, oder da sie sich an eine Dienstleistung derart gewöhnt haben, dass sie gar keine Neuerungen nachfragen. Bei radikalen Innovationen könnte diese Argumentation zum Teil zutreffend sein. Bei inkrementellen Innovationen ist in den meisten Fällen eine Kundeneinbindung sinnvoll und führt zu einer höheren Erfolgsrate.

Falls es wenig sinnvoll erscheint, die Kundschaft persönlich zu befragen, ist die Beobachtung eine mögliche Alternative. Kundinnen und Kunden werden bei der Konsumation einer Dienstleistung beobachtet. Folgende Fragen sollen dabei beantwortet werden.

- Welches Problem hat die Kundschaft bei der Verwendung bzw. der Konsumation?
- Welche Arbeitsschritte und Bewegungen werden ausgeführt?
- Wo und wann wird gezögert?

Zur Dokumentation der Antworten kommen Videoaufzeichnungen, Fotos und schriftliche Protokolle zur Anwendung. Die Auswertung und Interpretation der Ergebnisse gibt Aufschlüsse über mögliche Kundenprobleme oder mögliche Suchfelder für Innovationen.

Zwei aktuelle Themen, die im Zusammenhang mit Kundenintegration genannt werden, sind der Lead User Ansatz und Open Innovation. Lead User Ansatz bedeutet, dass man nur die innovativsten Kundinnen und Kunden in den Prozess einbezieht. Die Lead Users sind sozusagen die Pioniere in ihrem Fachgebiet. Ein Nachteil durch den ausschliesslichen Einbezug von Lead Users könnte sein, dass die gewonnenen Erkenntnisse nicht auf die normale Kundschaft zutreffen. Oft ist es auch nicht ganz einfach, die „echten" Lead Users zu identifizieren.

Open Innovation bedeutet, dass jede interessierte Person sich im Prozess einbringen kann. In den meisten Fällen werden Open Innovation Projekte durch das Internet unterstützt. Oft werden die Projekte als Wettbewerb ausgeschrieben im Sinne von: „Wie sieht dein Wunsch Hotel aus?" oder „Sag uns, welche Bankdienstleistung eine Bank im Jahr 2025 anbieten sollte?". Der Vorteil von Open Innovation ist, dass sich die Teilnehmenden aktiv mit dem Unternehmen und den Produkten auseinander setzen. Auch hat ein Wettbewerb dieser Art mit attraktiven Preisen einen grossen PR-Effekt. Der Nachteil ist, dass es sehr aufwändig ist, die grosse Zahl an Inputs zu sichten und zu bewerten.

4.1.3 Ideen sammeln mit Informationssystemen

4.1.3.1 Unternehmensinternes Ideenmanagement

Verschiedene, meist grössere Unternehmen sammeln und bewerten die Ideen ihrer Mitarbeitenden systematisch. Ideenmanagement wird zum Teil synonym mit dem älteren Begriff „Betriebliches Vorschlagswesen" verwendet. Früher steckten die Mitarbeitenden ihre Ideen in einen Briefkasten, der von Zeit zu Zeit geleert wurde. Heute wird ein Ideenmanagement oft softwaregestützt und intranet basiert durchgeführt. Eingereichte Ideen können sofort bewertet, ergänzt oder zur weiteren Abklärung weitergeleitet werden. Ein Vorteil des intranetbasierten Ideenmanagement ist, dass der Bewertungsprozess für die Ideeneinreichenden immer transparent bleibt und der Lauf der Idee verfolgt werden kann.

Die Autoren machten immer wieder die Erfahrung, dass Unternehmen zwar ein Ideenmanagement haben, dieses jedoch oft inaktiv ist, da niemand wirklich dafür verantwortlich zeichnet. Verschiedene Studien zeigen jedoch, dass Unternehmen, die ein aktives und funktionierendes Ideenmanagement betreiben, erfolgreicher sind als solche, die kein System implementiert haben.

Auf dem Markt gibt es verschiedene Anbieter, die softwaregestützte Ideenmanagementsysteme anbieten. Die Softwarelösungen sind heute auch für KMU erschwinglich. Es wäre jedoch verfehlt zu denken, dass mit dem Einsatz einer Software die Ideen der Mitarbeitenden einfach so sprudeln. Es ist wie mit allen Werkzeugen: Die Einführung und der richtige Einsatz sowie die Betreuung und Motivation durch das Management sind erfolgsentscheidend.

4.1.3.2 Beschwerdemanagement und GAP-Modell

Eine grosse Quelle für innovative Dienstleistungsideen sind Kundenreklamationen. Grossunternehmen haben eigene Abteilungen, die Kundenreklamationen sammeln, bearbeiten und auswerten. Kleinere und mittlere Unternehmen sammeln Reklamationen oft wenig systematisch und verzichten somit freiwillig auf diese Quelle. Kundenreklamationen sind daher so wichtig, weil die Kundinnen und Kunden genau sagen, was oder wie sie die Dienstleistung möchten bzw. was ihnen nicht gefällt. Wo kriegt man sonst so konkrete Aussagen?

Die Ursachen dafür, dass eine erwartete Leistung nicht der wahrgenommenen entspricht, können vielfältig sein. Mit Hilfe des GAP-Modells aus dem Qualitätsmanagement ist es möglich, die Ursache mangelhafter Qualität einer Dienstleistung anhand fünf so genannter „Gaps" (Lücken, Unstimmigkeiten) zu bestimmen und einzuordnen.

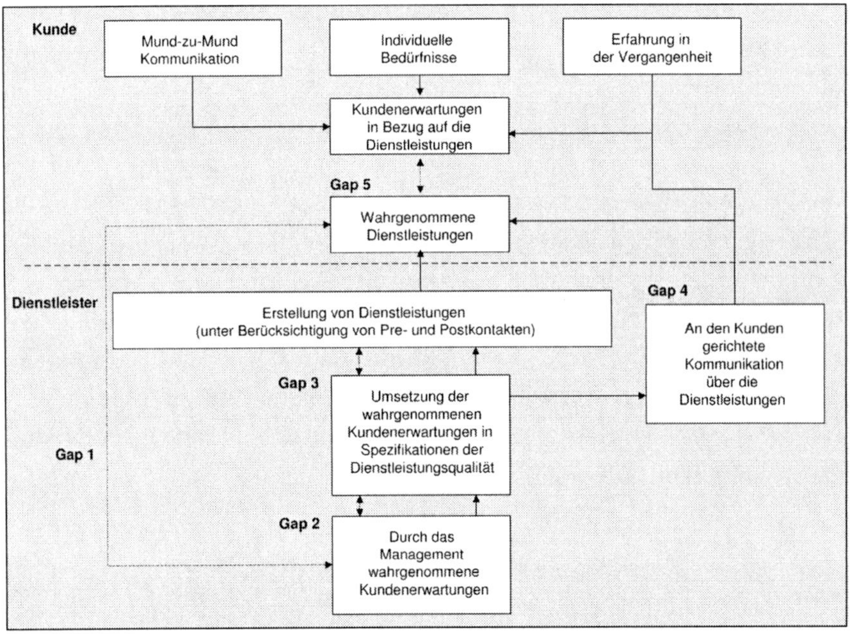

Abb. 19: GAP-Modell der Dienstleistungsqualität [22]

Grundlegend für das GAP-Modell ist dabei die Zweiteilung in die Ebenen Dienstleister und Kunde und die Darstellung von Konfliktbereichen in der Interaktionsbeziehung zwischen Unternehmen und Kunden sowie innerhalb des Unternehmens. Dieses Modell hilft schnell und nachhaltig bei der Lokalisierung und Einordnung von „Gaps“.

GAP 1:
Unstimmigkeit zwischen den Erwartungen Kunden und deren Wahrnehmung durch den Dienstleister.

GAP 2:
Abweichung zwischen der Wahrnehmung der Erwartungen der Kunden durch das Unternehmensmanagement und der Realisierung dieser in der Dienstleistungsqualität.

GAP 3:
Diskrepanz zwischen der erdachten und der tatsächlich erstellten Leistung.

GAP 4:
Unstimmigkeit zwischen der erbrachten Dienstleistung und der an die Kundschaft gerichteten Kommunikation über die Dienstleistung.

GAP 5:
Differenz zwischen der erwarteten und der tatsächlich wahrgenommen Dienstleistungsqualität.

Alle gesammelten Kundenreklamationen werden den fünf GAPs zugeordnet. Anschliessend muss geprüft werden, welche Massnahmen zu treffen sind, um die GAPs zu vermeiden.

4.1.4 Ideen sammeln durch Marktbeobachtung

Beim Themenfeld Marktbeobachtung subsumiert sich eine grosse Auswahl von unterschiedlichen Methoden, auf die hier nicht im Detail eingegangen wird. Es sind dies die klassische Marktforschung von Interviews bis Desk Research, dem Besuch von Messen und Konferenzen sowie Vergleiche mit den Mitbewerbern.

Praxistipp
Trend-Newsletter sind eine weitere Fundgrube für neue Ideen. Oft kann ein vorgestellter Trend oder eine innovative Idee zwar nicht einfach eins zu eins übernommen werden. Es lohnt sich jedoch folgende Fragen zu stellen:

- Was würde diese Idee bezogen auf mein Unternehmen bedeuten?
- Welche Aspekte dieser Idee könnte ich auf meine Dienstleistung übertragen?
- Könnte ich eine Idee vergrössern, verkleinern, umstrukturieren... so dass sie schliesslich auf meine Themenstellung passt?

Es gibt eine grosse Anzahl unterschiedlicher Trend-Newsletter. Eine kleine Auswahl sei hier kurz kommentiert. Die zwei ersten sind ein absolutes Muss für jeden Entrepreneur und Intrapreneur.

www.trendwatching.com
Trendwatching ist einer der führenden Newsletter für globale Konsumtrends. Der Newsletter erscheint monatlich in Englisch und ist sehr ansprechend aufgemacht. Besonders praktisch ist die grosse Datenbank, in der einfach nach unterschiedlichen Trends gesucht werden kann.

www.springwise.com
Springwise, ein Partnerunternehmen von Trendwatching, zeigt die neusten Geschäftsideen aus aller Welt und ist eine erfrischende Inspiration für das eigene Geschäft. Ein starker Fokus liegt auf Dienstleistungsunternehmen.

www.zukunftsinstitut.de
Das deutsche Zukunftsinstitut bietet einen Newsletter auf Deutsch und diverse Podcasts als Download.

4.1.5 Ideenfindungsworkshop im Unternehmen

4.1.5.1 Workshopvorbereitung

Bereits bei der Vorbereitung eines Ideenfindungsworkshops muss überlegt werden, wie das Resultat des Workshops aussehen soll. Was soll im Workshop erreicht werden und wie weit sollen die Ideen beschrieben sein? Sollen 20 grobe Ideenansätze auf Moderationskärtchen skizziert oder drei detailliert ausgearbeitete Ideen beschrieben sein?

Der Workshop muss Schritt für Schritt mit genauen Zeitangaben vorbereitet werden. Es muss festgelegt werden, welche Methoden in welchem Schritt eingesetzt werden sollen. Die Teilnehmenden sollten zudem frühzeitig zum Ideenworkshop eingeladen werden. Eine frühzeitige Einladung betont die Wichtigkeit des Anlasses und die Teilnehmenden können sich schon auf die Fragestellung einstimmen. Daher ist es für den Erfolg des Workshops auch entscheidend, dass die Fragestellung den Teilnehmenden mit der Einladung bekannt gegeben wird. Verbindliche Aussagen sollten auch zum Ablauf und den Anfangs- und Schlusszeiten gemacht werden.

Es lohnt sich weiter, schon mit der Einladung die „Spielregeln" bekannt zu geben. Dazu gehören Punkte wie: Keine Kritik während der Ideensuche, alle Ideen sind gefragt, das Mobiltelefon ist während dem Workshop ausgeschaltet... etc.

4.1.5.2 Arbeiten im Team

Vorteilhaft sind Gruppengrössen von ungefähr sieben bis zwölf Teilnehmenden. Wenn es mehr als zwölf Teilnehmende gibt, sollten die Gruppen in Untergruppen aufgeteilt werden. Wichtig ist, dass sich Menschen unterschiedlichen Alters und Geschlechts und aus verschiedenen Fachbereichen in einer Gruppe befinden. Bei einigen Fragestellungen lohnt es sich, aussenstehende Personen, die gar nichts mit der Themenstellung zu tun haben, oder Kunden einzuladen.

Alleine oder in der Gruppe?

Alleine oder in der Gruppe nach neuen Ideen suchen? Wer ist kreativer, der Einzeldenker oder die Gruppe? Unterschiedlichen Studien belegen, dass Brainstorming in der Gruppe nicht produktiver ist, als wenn jeder Teilnehmende alleine ein Brainstorming machen würde. Wenn sich allerdings eine Gruppe trifft, wird auch tatsächlich ein Brainstorming durchgeführt. Würden die Teilnehmenden den Auftrag erhalten, alleine ein Brainstorming zu machen, würden sich wohl die wenigsten ganze 30 Minuten Zeit dafür nehmen.

Auch macht ein Brainstorming in der Gruppe mehr Spass und fördert den Teamgeist. Die Idee soll ja ein Teamergebnis sein, denn oft müssen unterschiedlichste Anspruchsgruppen eine neue Idee unterstützen.

Unsere Erfahrung zeigt folgende Vor- und Nachteile der Gruppenarbeit:

Vorteile der Gruppenarbeit	**Nachteile der Gruppenarbeit**
Das kollektive Wissen einer Gruppe ist grösser als das Wissen Einzelner.	Eine Gruppe benötigt mehr Zeit, um zu einem Ergebnis zu gelangen.

Eine Idee wird besser akzeptiert, wenn die involvierten Personen an der Ideenfindung beteiligt waren.	Teilnehmende können sich gehemmt fühlen, Ideen zu äussern.
Die Gruppe deckt ein breiteres Suchfeld ab.	Gruppendruck verhindert ungewöhnliche Denkansätze.
Risiken werden in der Gruppe fundierter bewertet.	Vorgesetzte oder starke Persönlichkeiten können die Gruppe dominieren.
Bei Weiterentwicklungen von Ideen fällt das Gruppenergebnis besser aus.	Wirklich innovative Ideen werden oft abgeschwächt oder versinken in einem Kompromiss.

Tabelle 8: Vor- und Nachteile der Gruppenarbeit [18]

Auch liefert ein Alternieren zwischen Einzel- und Gruppenarbeiten gute Resultate.

4.1.5.3 Durchführung und Moderation

Bei einem Ideenfindungsworkshop ist ein erfahrener Moderator bzw. eine Moderatorin unerlässlich. Das Resultat hängt massgeblich von der Führungs- und Steuerungsarbeit des Moderierenden ab. Folgende Grundsätze müssen während der Ideengenerierung beachtet werden:

a) Flexible Arbeitsweise

Während der Ideensuche werden alle genannten Ideen sofort durch die moderierende Person auf Moderationskärtchen oder grosse Post-it‘s geschrieben und auf eine Pinwand geklebt. Moderationskärtchen und Post-it‘s haben den Vorteil, dass die Ideen immer wieder neu gruppiert und sortiert werden können. Es kann so flexibler gearbeitet werden, als wenn die Ideen auf Flipcharts geschrieben werden.

b) Quantität vor Qualität
Zu Beginn ist es wichtig, möglichst viele Ideen zu finden. Die Qualität der Ideen wird erst in den späteren Schritten bewertet.

c) Ideengewinnung und -bewertung trennen
Die Phasen „Ideengewinnung“ und „Ideenbewertung“ müssen getrennt werden. Das ist wohl die am meisten missachtete Grundregel im Brainstorming. Ideen werden meist automatisch – wenn auch nur innerlich – sofort bewertet. Es braucht grosse Disziplin, zuerst alle Ideen aufzuschreiben und erst im zweiten Schritt zu bewerten.

d) Alle Ideen akzeptieren
Alle genannten Ideen werden aufgeschrieben. Falls gewisse Ideen nicht berücksichtigt werden, kann dies zu Frustration und Demotivation der Teilnehmenden führen.

e) Trennen von Idee und Person
Die Qualität einer Idee wird häufig, wenn auch unbewusst, an der ideengebenden Person gemessen. „Ja, ja, die Frau Clever hat immer super Ideen.“ Oder „Ist das ein Vorschlag von Herrn Gähn? Der hat doch keine Ahnung!“ Die Idee muss von der Person getrennt werden. Dabei hilft insbesondere die Brainwriting-Technik.

f) Auf bestehenden Ideen aufbauen
Oft wird eine gute Idee, die zu 90 Prozent richtig ist, kritisiert, weil 10 Prozent falsch sind. Anstatt Ideen von anderen Teilnehmenden zu kritisieren, ist nach den Stärken der Idee zu suchen und darauf aufbauend sind weitere Ideen zu entwickeln.

g) Unter Zeitdruck arbeiten
Eine knappe Zeitlimite hat zwei Vorteile: Wer unter Druck arbeitet, hat keine Zeit, die gefundenen Ideen zu kritisieren. Zudem entbindet ein klares

Zeitlimit auch von der Verpflichtung, DIE super Idee zu finden. Dies ist oft gar nicht möglich. Das Ziel der Ideengenerierung soll es sein, gute Ideenansätze zu finden.

h) Bewegung, Bewegung, Bewegung....
Die Teilnehmenden sollen psychisch wie physisch in Bewegung bleiben. Dazu können einzelne Sequenzen im Stehen abgehalten werden. Es kann ein Ideenwettrennen organisiert oder kleinere Auflockerungsübungen zwischen die einzelnen Schritte geschoben werden.

i) Timing
Die Ideensuche ist anstrengend und die Teilnehmenden ermüden nach drei bis vier Stunden. Dies sollte in Betracht gezogen und ein Tagesworkshop deshalb besser in zwei Halbtage aufgeteilt werden.

4.2 Vorgehen und Methoden der Ideenauswahl

4.2.1 Auswahl der erfolgsversprechendsten Ideenansätze

Als Ausgangslage für die Ideenbewertung werden alle Ideen auf Moderationskärtchen auf einer Pinwand, einem Flipchart oder einer Packpapierwand aufgeklebt. Vielleicht sind es über 200 Ideen, die es zu evaluieren gilt. Für die erste grobe Auswahl eignet sich ein praxisorientiertes, dreistufiges Vorgehen:

1. Bevor die besten Ideen ausgewählt werden, empfiehlt es sich, jene Ideen mit einem Neuigkeitswert vorgängig auszusortieren. Werden neue Ideen nicht separat visualisiert, besteht die Gefahr, dass sie in der Masse untergehen. Und gerade die neuartigen Ideen haben oft das grösste Potenzial.
2. Die Auswahl der „besten" Ideen geschieht im zweiten Schritt mittels

der klassischen Punktebewertung. Das heisst, jeder Teilnehmende kann eine gewisse Punktzahl auf die einzelnen Ideen verteilen. Bei einer Anzahl von acht bis zwölf Teilnehmenden haben sich drei Punkte pro Person als optimal herausgestellt.

3. Im dritten Schritt werden die bewerteten Ideen in drei Gruppen eingeteilt. Diese drei Gruppen werden mit TOP, OK und OUT benannt, je nach Anzahl erreichter Punkte. Ziel ist es, aus vielleicht 200 Ideen etwa sechs bis zehn TOP-Ideen herauszudestillieren. Mit dieser Anzahl kann anschliessend effizient weitergearbeitet werden.

TOP: Ideen mit drei und mehr Punkten. Diese Ideen werden weiter verfeinert und dokumentiert (ca. 5% der gefunden Ideen).

OK: Ideen mit ein bis drei Punkten. Diese Ideenansätze können je nach Bedarf mit TOP-Ideen kombiniert oder für spätere Verwendungszwecke aufbewahrt werden (ca. 10 – 25% der Ideen).

OUT: Ideen ohne Punkte. Diese werden in der Regel nicht weiter bearbeitet (über 50% der Ideen).

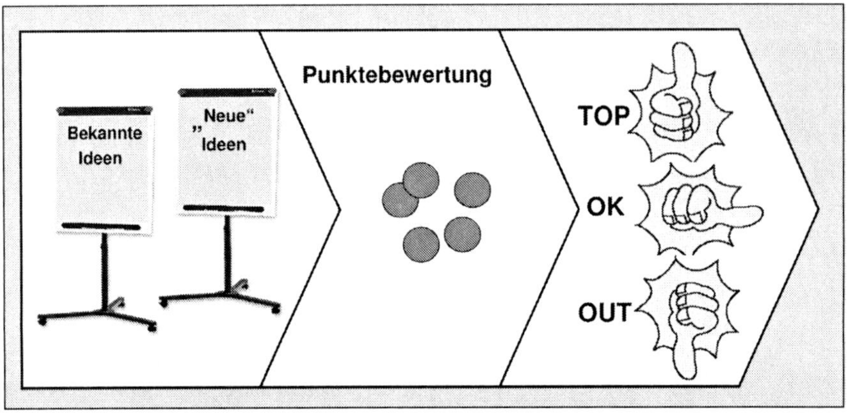

Abb. 20: Einfaches Vorgehen für die Ideenauswahl

Es handelt sich bei diesem Vorgehen um ein praktikables und eher intuitives Vorgehen. In der Regel dauert dieser erste grobe Auswahlprozess etwa 30 Minuten.

4.2.2 Dokumentation mit Ideensteckbriefen

Die Dokumentation ist wohl der wichtigste Schritt in der Ideenbewertung und –weiterentwicklung. Sie fasst alle vorangegangenen Schritte auf einem Blatt für die Geschäftsleitung zusammen. Oft entscheiden ja nicht die Teilnehmenden eines Workshops darüber, welche Ideen letztlich zu Projekten werden.

Um die Übersicht zu gewährleisten, wird jeweils eine Idee auf einem A4-Blatt beschrieben. Ziel eines Ideenworkshops ist es, die sechs bis zehn besten Ideen auf jeweils einem Ideensteckbrief dokumentiert zu haben.

Ideensteckbrief	
Name der Idee	
Beschreibung der Idee	
+ Stärken / Nutzen dieser Idee	
- Schwächen / Risiken dieser Idee	
Grobe Beurteilung der Idee	
Umsetzbarkeit?	□ leicht □ mittel □ schwierig
Marktpotenzial?	□ hoch □ mittel □ tief
Notwendige Investitionen?	□ tief □ mittel □ hoch
Gesamtbeurteilung	□ sehr gute Idee □ gute Idee □ OK Idee
Fazit / Empfehlung	

Abb. 21: Beispiel für einen Ideensteckbrief

In diesem Ideensteckbrief wurden sowohl qualitative als auch quantitative Kriterien berücksichtigt, was ein ausgewogenes Bild der Idee ergibt. Unter Umständen empfiehlt es sich auch, eine Skizze oder eine Collage beizulegen.

4.3 Qualitative und quantitative Bewertungsmethoden

Die dokumentierten Ideen werden nun nach unterschiedlichen Kriterien bewertet. Es empfiehlt sich, für die Bewertung das Management, externe Fachpersonen oder gar Kundinnen und Kunden einzubeziehen.

Zu Beginn des Innovationsprozesses werden Ideen eher nach qualitativen Kriterien bewertet. Eine Rohidee ist noch wenig fassbar und kann somit noch nicht mit harten Zahlen bewertet werden. Erst im weiteren Verlauf des Bewertungsprozesses kann ein Innovationsprojekt mit quantitativen Methoden bewertet werden. Würde eine Idee nur nach qualitativen oder rein quantitativen Kriterien betrachtet, würde dies der Idee nicht gerecht. Im Folgenden werden mehrere Methoden für die qualitative und quantitative Bewertung vorgestellt.

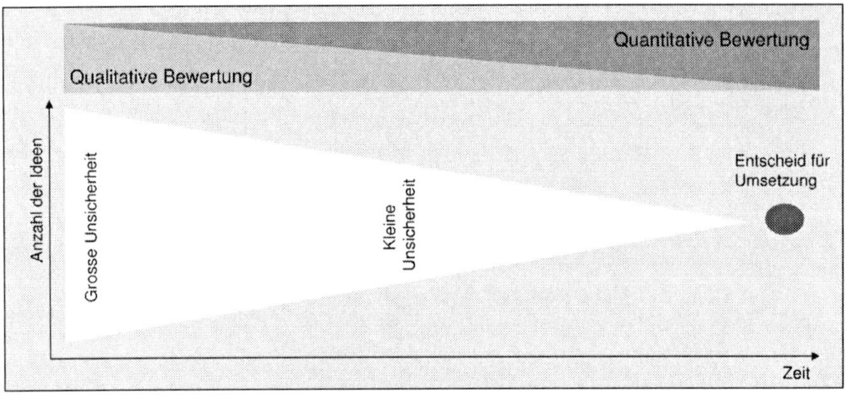

Abb. 22: Von der qualitativen zur quantitativen Bewertung

4.3.1 Qualitative Ideenbewertungsmethoden

4.3.1.1 Plus – Minus – Interessant

Das PMI (Plus, Minus, Interessant) ist ein sehr einfaches Bewertungsinstrument. Es ist nichts anderes als eine Stärken/Schwächen-Analyse mit einer zusätzlichen Spalte.

Der Nutzen des PMI liegt jedoch in der Art und Weise, wie es ausgefüllt wird. Zuerst wird die Spalte „Plus“ ausgefüllt. Während fünf Minuten werden alle Vorteile und Stärken einer Idee gesucht und notiert. Anschliessend folgen in der Spalte „Minus“ die Nachteile und Schwächen. Zum Schluss gibt es vielleicht noch Punkte, die weder positiv noch negativ, aber doch nennenswert sind. Diese Punkte werden unter „Interessant“ aufgeführt.

Das PMI fokussiert den Denkprozess Schritt für Schritt auf die unterschiedlichen Seiten einer Idee. Es wäre nicht optimal, abwechselnd Nachteile, Vorteile und interessante Punkte aufzulisten. So würden viel weniger Punkte gefunden, da der Denkprozess nicht fokussiert ist.

Plus +	**Minus -**	**Interessant**
• Positive Punkte • Stärken • USP‘s	• Negative Punkte • Schwächen • Risiken	• Weder Plus noch Minus • Gut zu wissen

Tabelle 9: Plus – Minus – Interessant [6]

4.3.1.2 Six Thinking Hats

Bei der Bewertung von neuen Ideen prallen oft verschiedene Meinungen aufeinander. Wer kennt nicht diese zähen, langwierigen Meetings, die zu keinem oder zu einem für viele Teilnehmenden unbefriedigenden Ergebnis führen. Einer versucht mit aller Kraft seinen Standpunkt zu verteidigen und bringt immer wieder die gleichen Argumente. Ein anderer killt eine neue Idee, bevor diese überhaupt fertig ausgesprochen ist und eine dritte Person sieht nur schwarz. Sie führt alle negativen Punkte auf und erklärt, warum dieses Projekt so nicht durchgeführt werden kann. Ein vierter kommt gar nicht zu Wort und plant schon sein Wochenende.

Die Methode der Six Thinking Hats – entwickelt von Edward de Bono – gestattet es, kräftezehrende Konfrontationen zu vermeiden und die Teilnehmenden einem produktiven Dialog zuzuwenden. Etwas, das bei der Bewertung von neuen Ideen, jedoch auch bei diversen anderen Fragestellungen, äusserst hilfreich ist.

Prinzip der Six Thinking Hats

Die Methode beruht auf dem Prinzip, dass sechs „Denkhüte“ zur Verfügung stehen. Jeder der sechs “Denkhüte“ hat eine bestimmte Farbe und steht symbolhaft für eine bestimmte Denkhaltung, die unter diesem Hut eingenommen wird. Wenn nun eine Idee bewertet werden soll, können im Team systematisch alle sechs Hüte in einer definierten Reihenfolge nacheinander aufgesetzt werden. Mit jedem Hut ändert sich die jeweilige Denk- und Sichtweise der Gruppe. Die Methode unterscheidet folgende sechs Hüte:

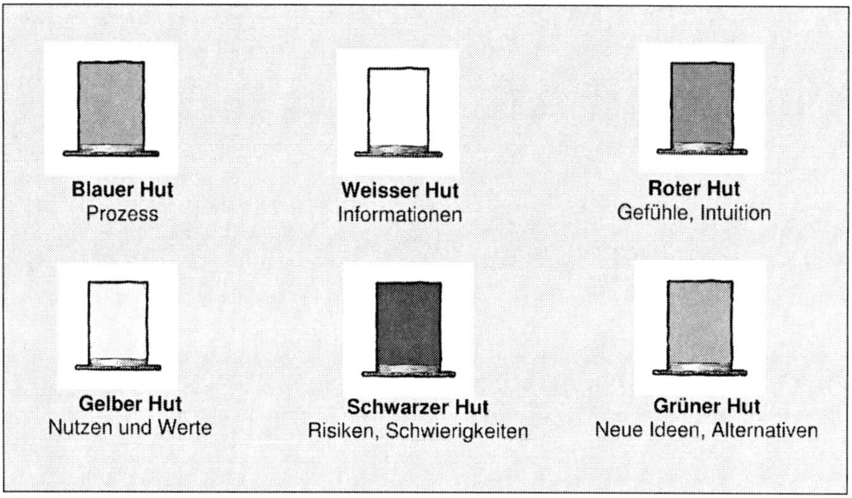

Abb. 23: Six Thinking Hats nach Edward de Bono [6]

Der **weisse Hut** steht für Objektivität und Neutralität. Unter diesem Hut werden Informationen gesammelt, ohne sie zu werten. Unter dem weissen Hut verschafft man sich einen objektiven Überblick über alle verfügbaren Daten und Informationen – vollkommen unabhängig von der persönlichen Meinung. Dieser Hut wird häufig zu Beginn einer Diskussion oder eines Prozesses aufgesetzt, um einen ersten Überblick zu erhalten.

Der **rote Hut** steht im Gegensatz zum weissen für Emotionen. Unter diesem Hut kann den Gefühlen freien Lauf gelassen werden. Alles Diffuse, alles Gefühlsmässige kann ausgesprochen werden, ohne Rechtfertigungszwang.

Beim **schwarzen Hut** geht es darum, die negativen Aspekte und Risiken der Fragestellung zu finden. Dazu gehören alle sachlichen Argumente, die gegen ein Projekt bzw. eine Entscheidung sprechen. Wenn der schwarze Hut getragen wird, ist die Gruppe bestrebt, objektiv alle negativen Aspekte eines Themas herauszufinden.

Der **gelbe Hut** steht für das Gegenteil des schwarzen Huts. Hier geht es darum, objektiv das Positive zu entdecken. Wenn der gelbe Hut getragen wird, bemüht sich die Gruppe, alle Chancen oder Pluspunkte zu finden sowie realistische Hoffnungen und erstrebenswerte Ziele zu formulieren.

Der **grüne Hut** steht für Kreativität, für Wachstum und für neue Ideen. Wenn dieser Hut getragen wird, begibt man sich auf die Suche nach Alternativen. Unter dem grünen Hut darf alles formuliert werden, was zu neuen Ideen und Ansätzen führt, unabhängig davon, wie verrückt oder unrealistisch.

Der **blaue Hut** steht für Kontrolle und für die Organisation des gesamten Denkprozesses. Die Moderatorin resp. der Moderator trägt typischerweise den blauen Hut. Wer den blauen Hut trägt, blickt von einer übergeordneten Stelle auf den gesamten Prozess und erlangt so einen Überblick. Die Aufgabe hier besteht darin, die Ergebnisse zusammenzufassen oder Entscheidungen darüber zu treffen, welche Hüte im weiteren Prozess noch einmal aufgesetzt werden.

Der Ablauf einer Evaluation

Nachdem die Idee erläutert ist, werden alle Teilnehmenden dazu aufgefordert, den weissen Hut aufzusetzen, um alle Fakten und Zahlen zum Thema zu erfassen. Am besten werden alle Äusserungen gut sichtbar an einem Flipchart aufgelistet. Hat man alle neutralen Fakten zusammengetragen, kann jeder seine eigene persönliche Meinung unter dem roten Hut kundtun, ohne sich rechtfertigen zu müssen oder objektiv zu sein. Sind alle persönlichen Meinungen auf dem Flipchart erfasst, setzt sich die Gruppe den schwarzen Hut auf und erörtert alle Gefahren und Risiken der Fragestellung oder des Projektes. Unter dem gelben Hut muss auch jemand, der einer Idee nicht das Geringste abgewinnen kann, bemüht sein, Vorteile darin zu suchen.

Nachdem alle neutralen, negativen und positiven Fakten sowie die persönlichen Meinungen der Teilnehmenden erfasst wurden, zieht die Gruppe den grünen Hut an: Gibt es noch andere Ansätze zur Fragestellung? Gibt es weitere neue Ideenansätze? Wie könnte man es sonst noch angehen? Unter dem blauen Hut schliesslich werden die Ergebnisse zusammengefasst und es wird entschieden, ob noch einmal ein bestimmter Hut aufgesetzt werden muss, bevor eine Entscheidung gefällt werden kann.

Die Vorteile der Methode

Es wird schnell deutlich, wo die Vorteile der Methode liegen: Alle Teilnehmenden haben die Möglichkeit, alles loszuwerden. Allen ist es möglich, sich durch die symbolischen Hüte immer nur auf das Wesentliche zu konzentrieren. Weiter bündelt diese Methode die Kräfte der Gruppe, da immer alle Gruppenmitglieder in die gleiche Richtung denken. Indem man die Hüte systematisch wechselt, gelangt man zudem oft zu Erkenntnissen, die eine Änderung der Einstellung oder einen Sinneswandel bewirken.

4.3.1.3 Paarvergleich

Der Paarvergleich ist ein intuitives Bewertungsverfahren, um Projektideen miteinander zu vergleichen. Jede Idee wird dabei mit jeder anderen Idee verglichen und festgelegt, inwiefern diese besser oder wichtiger ist. Der Paarvergleich wird oft verwendet, wenn subjektive Kriterien erfasst werden sollen, wie zum Beispiel „Schönheit“ (welches Produkt ist schöner als welches?) oder Geschmack (welcher Käse schmeckt besser als welcher?). Der Paarvergleich eignet sich als Bewertungsinstrument in einem Team und oder mit Kundinnen und Kunden.

Beispiel:

In der untenstehenden Darstellung werden acht Projektideen miteinander verglichen. Die acht Projektideen werden jeweils horizontal wie auch vertikal aufgeführt. Anschliessend werden die weissen Felder in der Matrix mit „1: linkes Projekt ist wichtiger als Projekt oben“ oder „0: linkes Projekt ist weniger wichtig als Projekt oben“ ausgefüllt.

Die grau hinterlegten Felder können in Excel so programmiert werden, dass immer automatisch der entgegengesetzte Wert eingefüllt wird. Es ist auch möglich, die Werte von Hand zu übertragen. Die Idee mit den meisten Punkten ist die gewinnende Idee. In diesem Beispiel wäre dies die Idee Nummer drei.

Projektideen	Idee 1	Idee 2	Idee 3	Idee 4	Idee 5	Idee 6	Idee 7	Idee 8	Total Punkte	Reihenfolge
Idee 1		0	0	0	1	1	0	1	3	5
Idee 2	1		0	1	1	1	1	1	6	2
Idee 3	1	1		1	1	1	1	1	7	1
Idee 4	1	0	0		1	1	1	1	5	3
Idee 5	0	0	0	0		1	0	1	2	6
Idee 6	0	0	0	0	0		0	1	1	7
Idee 7	1	0	0	0	1	1		1	4	4
Idee 8	0	0	0	0	0	0	0		0	8

links wichtiger als oben	1
links weniger wichtig als oben	0

Abb. 24: Paarvergleich von unterschiedlichen Projektideen

4.3.2 Quantitative Ideenbewertungsmethoden

4.3.2.1 Nutzwertanalyse

Bei der Nutzwertanalyse wird die Idee nach unterschiedlichen quantitativen Kriterien bewertet. Folgende Bewertungskriterien könnten zur Anwendung kommen:

- Marktgrösse
- Marktpotenzial
- Neuheitswert
- Umsetzungskosten
- Erfolgschancen
- Gewinnpotenzial
- Deckungsbeitrag
- Imagegewinn
- Umsetzungsrisiko
- Nutzen für Kundinnen und Kunden
- Etc…

	Anzahl Punkte	Idee 1	Idee 2	Idee 3
Ertragspotenzial?	0-10			
Investitionshöhe?	0-10			
Neuigkeitswert?	0-5			
Umsetzungs-möglichkeiten?	0-10			
Alleinstellungs-merkmale?	0-5			
…?	0-10			
Total				

Abb. 25: Vorlage für eine Nutzwertanalyse

4.3.2.2 Portfolioanalyse

Die Portfolioanalyse wurde ursprünglich in der Finanzwirtschaft entwickelt, um die optimale Zusammensetzung eines Wertpapier-Portfolios zu bestimmen. Hierzu bewertet man die Wertpapiere eines Portfolios nach zwei wesentlichen Merkmalen: der Ertragskraft und dem Risiko. In der betriebswirtschaftlichen Praxis wurde das Konzept der Portfolioanalyse erstmals von der Boston Consulting Group zur Darstellung von Produkt-Markt-Beziehungen weiterentwickelt.

Die Innovationsideen bzw. die Ideensteckbriefe werden mit der Portfolioanalyse nach Attraktivität und Risiko bewertet und verglichen, so dass in einer zweiten Auswahlstufe nur die Innovationsvorhaben aufrecht gehalten werden, die ein besonders günstiges Verhältnis von Attraktivität und Risiko aufweisen.

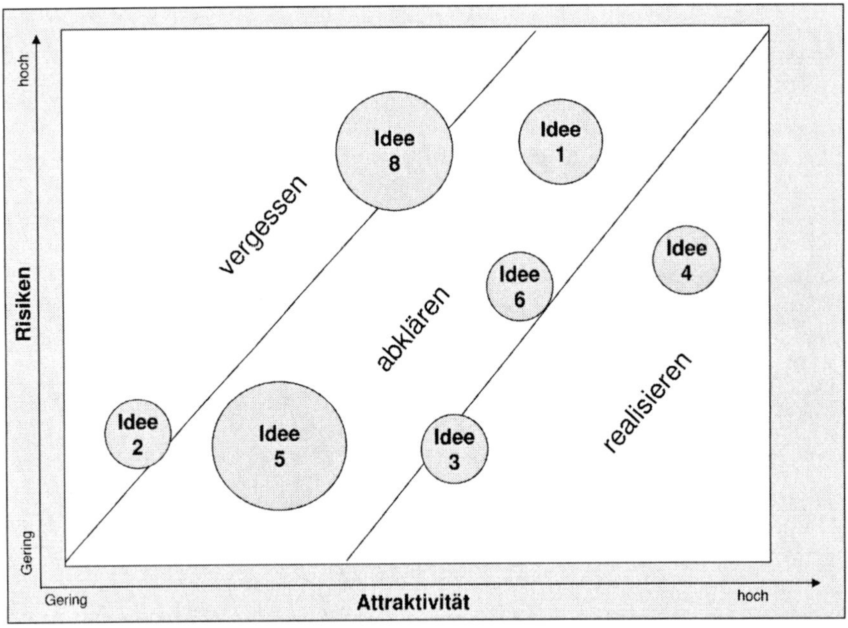

Abb. 26: Portfoliodarstellung mit unterschiedlichen Dienstleistungsideen

Zur Erstellung eines Portfolios werden auf den Achsen eines zweidimensionalen Koordinatensystems die Merkmale „Risiko“ und „Attraktivität“ abgebildet. Die Punkte im Koordinatensystem können als Kreisflächen eine dritte Dimension eines Projektes darstellen.

Nicht ganz einfach ist in der Praxis die Instrumentalisierung der beiden Achsen „Risiko“ und „Attraktivität“. Folgende Tabelle soll einen Hinweis geben, anhand welcher Kriterien die Werte für das Koordinatensystem ermittelt werden können. Die Kriterien hängen stark von der Branche bzw. den Innovationsprojekten ab.

Risiko	**Attraktivität**
• Komplexität • Realisierbarkeit • Marktunsicherheit • Notwendiges Know-how • Investitionshöhe • Ressourcenverfügbarkeit • Qualitätsanforderungen	• Ertragspotential • Marktgrösse • Wettbewerbsintensität • Differenzierungspotential • Strategie-fit • Aufbau auf vorhandenen Kernkompetenzen • Markteintrittsbarrieren

Tabelle 10: Instrumentalisierung der X und Y Achsen

5. Phase 3: Grobkonzeptvarianten

> *«Wer zu spät an die Kosten denkt, ruiniert sein Unternehmen. Wer immer zu früh an die Kosten denkt, tötet die Kreativität.»*
> PHILIP ROSENTHAL, DEUTSCHER INDUSTRIELLER UND POLITIKER

In der Phase Grobkonzept werden die von den Entscheidungsträgern ausgewählten Dienstleistungsideen möglichst umfassend beschrieben. Oft handelt es sich hierbei um ein bis drei potentielle Innovationsprojektvarianten. Zu Beginn dieser Phase besteht trotz der bereits durchlaufenen Selektion und Beschreibung immer noch keine endgültige Klarheit darüber, wie sich die Idee schliesslich als marktfähige Dienstleistung mit all ihren Einzelheiten darstellen wird. In der Praxis hat sich bewährt, erst den Markt zu analysieren und die Anforderungen der unterschiedlichen Stakeholder aufzunehmen, bevor eine Idee weiterverfolgt wird. Das Ergebnis dieser Phase ist eine „Business Opportunity Description" oder zwei bis drei davon.

5.1 Marktanalyse

Zweck dieses Schrittes ist es, abzuklären, ob die Idee überhaupt eine wirtschaftliche Chance hat. Angesichts eines vertretbaren Kosten-Nutzen-Ziels ist diese Analyse keine professionelle Marktforschung, sondern eher Desk Research und Gespräche mit Kundinnen und Kunden und Mitarbeitenden. Die Abklärungen sollten pro Projektidee nicht mehr als eine Arbeitswoche betragen. Eine Marktanalyse umfasst folgende Punkte:

Analyse von Mitbewerbern:
- Wer bietet wo auf dem Markt ähnliche Dienstleistungen an?
- Wie ist die Preisstruktur von ähnlichen Dienstleistungen?
- Wie sehen diese Dienstleistungen aus und welche Kunden werden angesprochen?

Zielgruppen und Zielmärkte:

- Welche Zielgruppen (Alter, Geschlecht, Präferenzen, geografisch) sollen angesprochen werden?
- Wie gross sind diese Zielgruppen?
- Wie ist die Zahlungsbereitschaft für die potentielle Dienstleistung?
- Ist der Nutzen für die Zielgruppe ersichtlich?

Praxistipp:
Wie angesprochen sind zu diesem Zeitpunkt noch keine grossen Marktforschungen notwendig. Oft reicht es aus, zehn potentielle Kundinnen und Kunden zu einem halbtägigen Workshop einzuladen, um einen grossen Teil der Fragen zu beantworten. Die Erfahrung zeigt, dass Kundinnen und Kunden oft bereit sind, an solchen Workshops teilzunehmen. Wenn es noch ein Dankeschöngeschenk gibt, kommen die meisten auch unentgeltlich.

5.2 Anforderungsanalyse

Mit einer Anforderungsanalyse soll eine möglichst breite Sichtweise auf die zu entwickelnde Dienstleistung gewonnen und durch die Erfassung und Priorisierung von externen und internen Anforderungen geklärt werden, welche Eigenschaften die Dienstleistung haben muss, um sowohl am Markt als auch im Unternehmen erfolgreich umsetzbar zu sein. Kostspielige Fehlentwicklungen werden somit verringert [15].

In die Ermittlung der Anforderungen sollten sowohl potenzielle Kunden als auch die eigenen Mitarbeitenden einbezogen werden. Somit lassen sich sowohl Vorstellungen und Wünsche der Kunden bezüglich der künftigen Dienstleistung klären als auch die Umsetzbarkeit im eigenen Unternehmen frühzeitig erkennen. Gewöhnlich orientiert sich die Anforderungsanalyse am groben Ablauf der geplanten neuen Dienstleistung. Das bedeutet, dass man sich für jeden einzelnen Schritt die Frage stellt, welche Anforderungen und Wünsche zu berücksichtigen sind.

Beispiel: Autowerkstatt am Flughafen
Eine Werkstatt am Flughafen bietet potentiellen Kunden an, ihr Fahrzeug während der Geschäftsreise oder den Ferien zu reparieren oder zu prüfen.

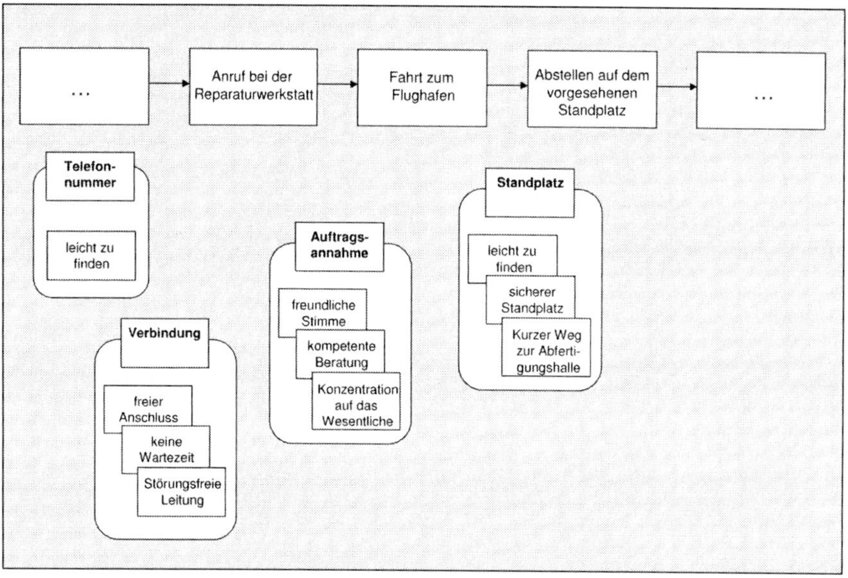

Abb. 27: Ermittlung von Anforderungen für einen Autowerkstattservice am Flughafen [15]

Um mit den ermittelten Anforderungen weiter arbeiten zu können, genügt es nicht, diese einfach nur aufzulisten. Es muss berücksichtig werden, dass nicht alle Anforderungen gleich wichtig sind. Deshalb ist es zweckmässig, die Anforderungen nach dem folgenden Schema zu priorisieren:

Priorität 1 (Muss):
Anforderungen, die unbedingt erfüllt werden müssen, da andernfalls die

Dienstleistung als mangelhaft angesehen wird oder erhebliche Risiken und Nachteile entstehen könnten.

Priorität 2 (Sollte):
Anforderungen, die erfüllt sein sollten, da diese einen grossen Einfluss auf die Effektivität oder Effizienz der Dienstleistung haben.

Priorität 3 (Wäre nett):
Anforderungen, die nur einen kleinen Einfluss auf den Erfolg der Dienstleistung haben.

Es wäre jedoch falsch, nur die Anforderungen der Kunden aufzunehmen. Auch jene der Mitarbeitenden sind einzubeziehen. Denn falls eine neue Dienstleistung einfach zusätzliche Arbeit und zusätzliche Komplexität für die Mitarbeitenden bedeutet, ist die Ausgangsposition für eine erfolgreiche Einführung im Unternehmen alles andere als optimal.

5.3 Finanzielle Betrachtung

Nachdem ein besserer Überblick über den Markt, die Zielgruppen sowie die Anforderungen gewonnen wurde, kann die wirtschaftliche Seite detaillierter betrachtet werden als noch in Phase 2. Aber auch hier handelt es sich immer noch um eine Schätzung, da die zu erwartenden Verkaufszahlen und die Kosten immer noch spekulativ sind und zum Teil noch auf Vermutungen basieren.

Die Net Present Value Methode (NPV) oder auch Kapitalwertmethode ist die bekannteste dynamische Investitionsrechnung. Sie ergibt sich, indem die abgezinsten Erträge der ursprünglichen Investition gegenübergestellt werden. Dadurch entsteht eine Differenzgrösse, die Net Present Value oder Kapitalwert genannt wird.

Beispiel: Net Present Value
Es werden heute CHF 100 000 in eine neue Dienstleistung investiert und in den nachfolgenden Jahren folgende Erträge erzielt:

- 1. Jahr CHF 20 000
- 2. Jahr CHF 40 000
- 3. Jahr CHF 45 000

Frage: Soll diese Investition getätigt werden oder nicht?

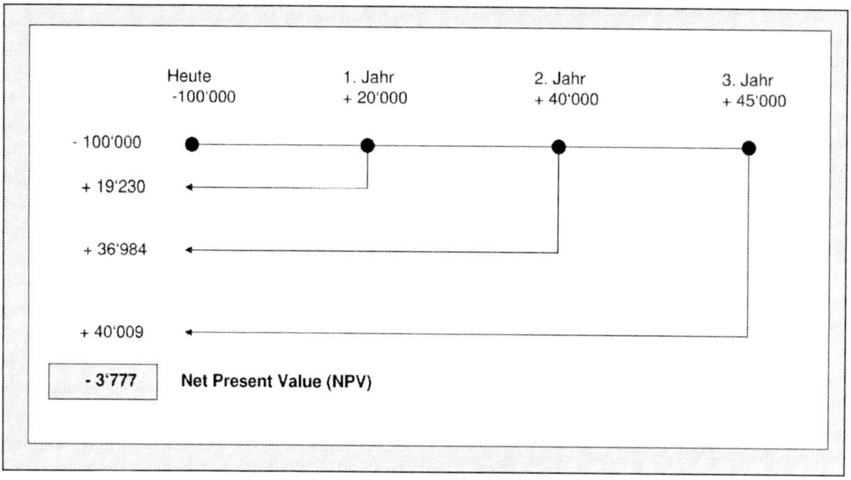

Abb. 28: Erträge in Zukunft sind heute weniger Wert

Die Grafik stellt den Zusammenhang zwischen dem jeweiligen Zahlungszeitpunkt und dem Bezugspunkt des Vergleiches (heute) dar. Der Darstellung liegt eine Verzinsung von 4% zu Grunde. Die Grafik zeigt, dass ein Ertrag von CHF 45 000 nach dem dritten Jahr – bedingt durch Zinsen und Zinseszinsen - genauso viel wert ist, wie ein Ertrag von CHF 40 009 zum heutigen Zeitpunkt.

In der Tabelle sind die Werte nochmals zusammengestellt:

Wert		Abzinsungs-Faktor	Abgezinster Wert
Ausgabe	**Erträge**		
100'000.-		1.0000	- 100'000.-
	20'000.-	0.9615	19'230.-
	40'000.-	0.9246	36'984.-
	45'000.-	0.8891	40'009.-
		Ausgaben	- 100'000.-
		Erträge	96'223.-
		Net Present Value (NPV)	- 3'777.-

Tabelle 11: Abzinsung der Erträge mit dem Abzinsungsfaktor

Das Ergebnis ist wie folgt zu interpretieren:

- Die einmalige Ausgabe von CHF 100 000 ist im betriebswirtschaftlichen Sinne nicht rentabel, da ihr nur Erträge von CHF 96 224 gegenüberstehen.
- Die Ausgabe ergibt nicht nur keine ausreichende Verzinsung, sondern verursacht sogar einen Verlust.
- Aus finanzieller Sicht wäre es sinnvoller, den Betrag von CHF 100 000 bei einer Bank anzulegen und die daraus resultierenden Zinsen zu nutzen. Dabei ergäbe sich bei einem Zinssatz von 4% nach drei Jahren ein Betrag von CHF 112 486!

Entscheidungsregel

Wie wird nun mit der NPV Methode entschieden? Hier einige Anleitungen:

- Eine Investition ist dann vorteilhaft, falls der Net Present Value grösser Null ist. Ist der NPV grösser Null, so ist die Investition zum vorgegebenen Kalkulationszinsfuss vorteilhaft.
- Eine Alternative mit einem negativen NPV ist grundsätzlich zu verwerfen, da sie die geforderte Mindestverzinsung des Kalkulationszinsfusses nicht erreicht.

- Werden mehrere Alternativen beurteilt, so ist diejenige mit dem grösseren NPV zu wählen.

5.4 Business Opportunity Description

Die Business Opportunity Description führt alle soweit erarbeiteten Daten und gewonnenen Erkenntnisse in einem Dokument zusammen. Man könnte sagen, dass die BOD eine Erweiterung des Ideensteckbriefs ist. Eine BOD ist jedoch noch kein fertiger Businessplan, da zu diesem Zeitpunkt immer noch wesentliche Teile eines Businessplans fehlen. Eine BOD sollte auch kein sehr umfassendes Dokument sein. Erfahrungsgemäss ist eine BOD ein Dokument von einer Länge von sechs bis zwölf DIN A4 Seiten.

Die BOD dient dem Management als Entscheidungsgrundlage, welche der zwei bis drei Innovationsideen wie und wann umgesetzt werden sollen.

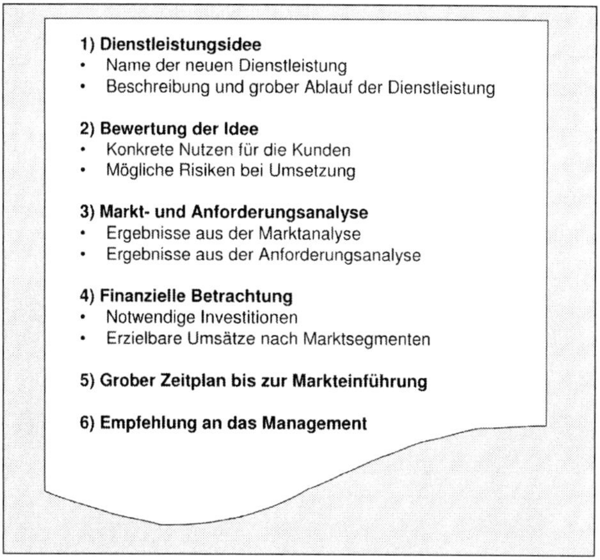

Abb. 29: Bestandteile einer Business Opportunity Description

6. Phase 4: Detailkonzept

> *„Eine Idee muss Wirklichkeit werden können oder sie ist eine eitle Seifenblase."*
> BERTHOLD AUERBACH, DEUTSCHER SCHRIFTSTELLER

Nachdem der Entscheid über die definitive Projektdurchführung gefallen ist, wird die Dienstleistung im Detail beschrieben. Dazu gehören auch die detaillierten Prozesse und die notwendigen Ressourcen, um die Dienstleistung zu erbringen. Es ist sinnvoll, bereits in dieser Phase die Markteinführung und die Marketingmassnahmen zu planen. Das Ergebnis dieser Phase ist ein durch das Management geprüftes Dienstleistungs- und Einführungskonzept.

6.1 Beschreibung Dienstleistung und Kundennutzen

Kundinnen und Kunden erwarten von der Dienstleistung, dass diese ein bzw. mehrere Ergebnisse liefert und ihnen durch die Befriedigung ihres Bedürfnisses einen Nutzen bringt. Sie sind bei den meisten Dienstleistungen primär am Ergebnis interessiert – wie diese zustande kommen, ist ihnen weniger wichtig. Es ist wichtig, die zu liefernde Leistung möglichst detailliert zu beschreiben. Dabei sollten vor allem folgende Aspekte dokumentiert werden:

- Beschreibung des Kundennutzens
- Beschreibung der Kernleistung
- Beschreibung eventueller Zusatznutzen
- Beschreibung möglicher Varianten
  (in Abhängigkeit von unterschiedlichen Kundengruppen)
- Festlegung der Qualitätsvorgaben, die einzuhalten sind

6.2 Modellierung Erstellungsprozess

Um eine Dienstleistung zu erbringen, muss ein Erstellungsprozess durchlaufen werden. Am Prozess sind meist der Dienstleistungserbringende sowie die Kundinnen und Kunden beteiligt. Die Dienstleistungsbeschreibung dokumentiert, WAS geleistet wird, während der Erstellungsprozess dokumentiert, WIE die Leistung zustande kommt. Der Erstellungsprozess kann erst modelliert werden, nachdem die Leistung im Detail beschrieben wurde.

Um den Erstellungsprozess zu gestalten, wird oft die „Service Blueprinting" Methode eingesetzt. Sie ermöglicht eine chronologische und transparente Aufzeichnung aller Prozessschritte zur Erbringung der Dienstleistung. Sie hat den Vorteil, dass sie die Sicht der Kundinnen und Kunden auf den Prozess mit der Sicht des Anbieters vereint. Von grosser Bedeutung ist die Unterscheidung zwischen Aktivitäten der Kunden und Aktivitäten des Leistungserbringers mit der so genannten Sichtbarkeitslinie (Line of interaction). Sie trennt Aktivitäten, die von den Kundinnen und Kunden direkt wahrgenommen werden, von solchen, die diese nicht wahrnehmen. Im Service Blueprint werden alle Aktivitäten vom ersten Kundenkontakt bis zur Rechnungsstellung abgebildet.

Beispiel:
Die folgende Abbildung zeigt das Beispiel der bereits erwähnten Autowerkstatt am Flughafen, wo Reisende ihr Auto während ihrer Abwesenheit reparieren lassen können.

Steht der Service Blueprint erst einmal, können sogleich Optimierungspotenziale diskutiert werden. In diesen Diskussionen sollen auf jeden Fall auch die Mitarbeitenden und vielleicht sogar potentielle Kundinnen und Kunden teilnehmen. In Planungsstadium ist es noch einfacher, Anpassungen vorzunehmen, als wenn die Dienstleistung erst einmal implementiert ist.

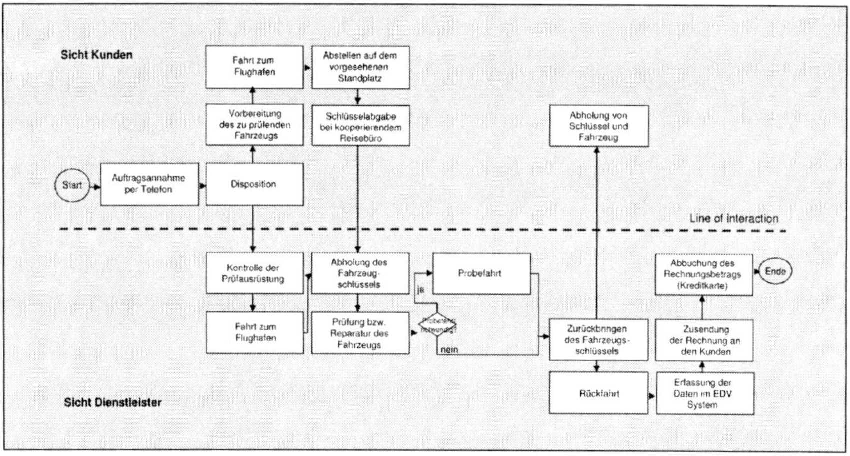

Abb. 30: Service Blueprint am Beispiel Autowerkstattservice am Flughafen [15]

Praxistipp

Erfahrungen aus der Praxis zeigen, dass sich die Optimierungsanalyse vor allem auf die Reduzierung der folgenden „Zeitfresser" richtet [15]:

- Eliminierung nicht-wertschöpfender Prozesse
- Reduzierung von Schnittstellen, die nicht notwendig sind
- Reduzierung von Medienbrüchen
- Reduzierung von Wartezeiten

6.3 Ressourcenplanung

Auf der Basis des Service Blueprints können im nächsten Schritt die benötigten Ressourcen festgelegt werden. Unter Ressourcen sind vor allem die Mitarbeitenden und die Betriebsmittel zu verstehen.

Die Zuordnung der Ressourcen zu den einzelnen Prozessschritten kann entweder direkt auf dem Service Blueprint geschehen oder, wie die folgende Abbildung zeigt, in Form einer Tabelle.

Beispiel:
Autowerkstatt am Flughafen.

A = ausführend

M = mitwirkend

B = beratend

	Disponent	Erfasskraft	Fachabteilungsleiter	Fuhrparkmanager	Hotline-Agent	Kaufm. Sachbearbeiter	Kfz-Mechaniker	Prüfmittelverwalter	Reisebüro Mitarbeiter	Kunde
Disposition	**A**		**B**				**M**			**M**
Kontrolle der Prüfausrüstung							**M**	**A**		
Fahrt zum Flughafen				**M**			**A**			
Abholung des Fahrzeugsschlüssels							**A**		**M**	
Prüfung bzw. Reparatur des Fahrzeuges							**A**			
Probefahrt							**A**			
Zurückbringen des Fahrzeugschlüssels							**A**		**M**	

Abb. 31: Auszug aus einer personellen Ressourcenplanung [15]

Neben den personellen Ressourcen werden für eine Dienstleistung auch materielle Ressourcen benötigt. Das Vorgehen der Zuordnung der Betriebsmittel auf die einzelnen Prozessschritte erfolgt ähnlich der personellen Planung.

6.4 Implementierungsplan

Im gleichen Zeitraum wie das Detailkonzept erarbeitet wird, werden auch ein Implementierungsplan sowie das Marketingkonzept erstellt. Beide müssen zu diesem Zeitpunkt erstellt werden, um für die Markteinführung bereit zu sein.

Der Implementierungsplan ist eine Zusammenstellung der abzuarbeitenden Schritte mit definierten Zielen, klaren Terminen und eindeutigen Zuständigkeiten. Ein solcher Umsetzungsplan kann je nach Projektgrösse von einer einfachen „To do Liste" bis zu einer komplexeren Projektplanung gehen.

Um einen Implementierungsplan übersichtlich darzustellen, eignet sich insbesondere das Gantt-Diagramm. Im Gantt-Diagramm werden die einzelnen Aktivitäten oder Aufgaben eines Projektes in die erste Spalte einer Tabelle eingetragen. In der Horizontalen der Tabelle wird die Zeitachse je nach Projektdauer mit Tagen, Wochen oder Monaten dargestellt. Die einzelnen Aktivitäten werden dann in den jeweiligen Zeilen mit einem waagerechten Balken dargestellt. Je länger der Balken, desto länger dauert die Aktivität. Sich überschneidende Aktivitäten werden durch überlappende Balken dargestellt. Um die Abhängigkeiten zwischen Aktivitäten zu verdeutlichen, werden die Balken mit Pfeilen verbunden.

Eine Herausforderung beim Gantt-Diagramm liegt in der Wahl des richtigen Detaillierungsgrades. Eine zu geringe Anzahl an Aktivitäten oder nur die Darstellung von Teilprojekten ermöglicht keine ausreichende Kontrolle der Aktivitäten. Jede einzelne kleine Aufgabe aufzunehmen, schwächt die Aussagekraft.

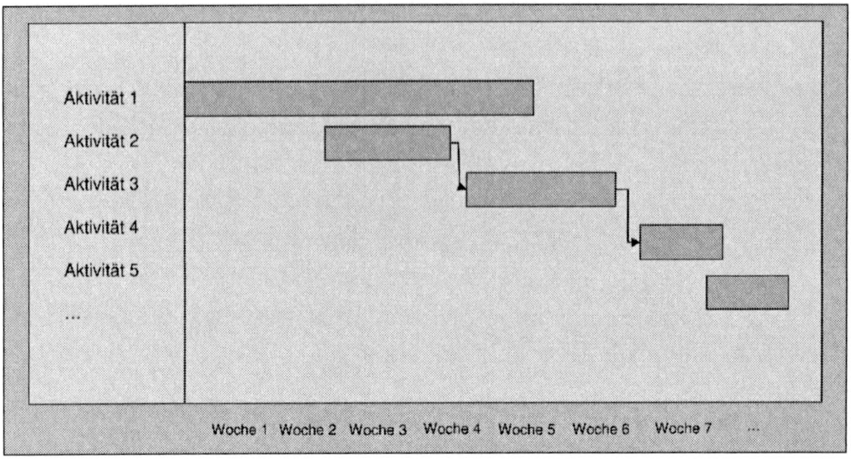

Abb. 32: Gantt-Diagramm

6.5 Operativer Marketingplan

6.5.1 Klassische Marketinginstrumente

In der klassischen Marketinglehre spricht man von den 4P's innerhalb des Marketing-Mixes. Die 4P's stehen für Product, Price, Place und Promotion:

1. **Product (Produktgestaltung)**
   Wie müssen die Leistungen des Unternehmens aussehen, um den Bedürfnissen der Kundinnen und Kunden gerecht zu werden? Der Produktpolitik werden Instrumente zugewiesen wie Qualität, Stil, Markenname, Image, Service etc.

2. **Price (Preisgestaltung)**
   Wie muss der Preis der Leistungen bestimmt sein, damit er von Kundinnen und Kunden akzeptiert wird? Bestimmung von Preisen,

Rabatten sowie Mengenzuschlägen oder Zahlungs- und Kreditbedingungen gehören zur Preisgestaltung.

3. **Place (Distribution)**
   Wie kommt das Produkt möglichst einfach, schnell und kostengünstig zu den Kundinnen und Kunden oder umgekehrt? Absatzkanäle, Absatzmittler und Standorte spielen in der Distributionspolitik eine Rolle.

4. **Promotion (Kommunikation)**
   Wie kann das Unternehmen die Kundinnen und Kunden auf das Produkt aufmerksam machen bzw. vom Kauf überzeugen? Werbung, persönlicher Verkauf, Verkaufsförderung und Public Relation sind Schlagworte der Kommunikationspolitik.

6.5.2 Dienstleistungsmarketing-Instrumente

Ergänzt wurden diese 4P's hinsichtlich der zunehmenden Bedeutung des Dienstleistungsmarketing um drei weitere P's und ergeben somit die 7P's des Dienstleistungsmarketings:

1. **Personnel (Personalpolitik)**
   Welches sind die Kapazitäts- und Qualifizierungsbedürfnisse für Personal (Quantität, Qualität, Schulungsbedürfnisse, Incentiveprogramme usw.)?

2. **Process Management (Prozess-Management)**
   Welche sind die relevanten Prozesse und wie sind die Prozesse gestaltet?

3. **Physical Facilities (Ausstattungspolitik)**
   Welche physikalische Ausstattung soll vorhanden sein (z. B. Art des Gebäudes, Kundenlounge, Rezeption usw.)?

Die notwendige Kombination aller sieben Instrumente wird als Marketing-Mix bezeichnet.

Der Marketing-Mix ist zentrale Aufgabe der operativen Marketingplanung und beschreibt die Abstimmung, Koordination und Integration der 7P's untereinander.

Hierbei ist die Herausforderung die optimale Abstimmung der unterschiedlichen Marketinginstrumente und Massnahmen. Die Massnahmen können sich in ihrer gegenseitigen Abhängigkeit ergänzen, teilweise jedoch auch behindern. Um solche Probleme im Vorfeld schon zu berücksichtigen, ist eine langfristige Marketingplanung und damit ein systematisches Vorgehen notwendig. Die laufende Kontrolle des «Mixes» dient nicht nur der Mix-Optimierung und somit der Möglichkeit, flexibel und schnell auf neue Bedingungen reagieren zu können, sondern auch der Überwachung des Budgets.

7. Phase 5: Einführung und Erfolgskontrolle

„Innovation ist dann erreicht, wenn der Kunde „Super" schreit!"
UNBEKANNT

Einführung heisst die Dienstleistung im Markt, aber auch im Unternehmen einzuführen. Eine gute Einführung im Unternehmen ist fast ebenso wichtig wie eine gut geplante Einführung im Markt.

7.1 Implementierung im Unternehmen

Bevor irgendwelche organisatorischen oder personellen Massnahmen getroffen werden, ist die Information der Mitarbeitenden am wichtigsten. Den Mitarbeitenden soll mittels einer kleinen Dokumentation, einem Flyer oder anlässlich eines Anlasses mitgeteilt werden, welches die wesentlichen Bestandteile der Dienstleistungsinnovation sind und welche Nutzen sich für die Kundinnen und Kunden daraus ergeben. Es soll auch aufgezeigt werden, welcher Nutzen oder welche Erleichterungen dadurch für die Mitarbeitenden entstehen. Denn nur gut informierte und motivierte Mitarbeitende werden die Dienstleistung auch aktiv bei den Kundinnen und Kunden vertreten.

Organisatorische Massnahmen leiten sich direkt aus dem Service Blueprint ab. Welche Veränderungen in der Organisation und der Infrastruktur müssen getroffen werden, damit die Dienstleistung wie beschrieben erbracht werden kann? Wo gibt es neue Schnittstellen oder welche fallen weg? Müssen Abteilungen geteilt, neu zusammengesetzt oder neu gegründet werden?

Neben den organisatorischen müssen auch personelle Massnahmen getroffen werden. Diese leiten sich aus der Ressourcenplanung der Phase 4 ab. Welche

Mitarbeitenden müssen geschult werden, damit sie die Aufgaben erfüllen können? Müssen zusätzlich neue Mitarbeitende eingestellt werden?

7.2 Einführung im Markt

Sind die Mitarbeitenden geschult, die Infrastruktur bereitgestellt und die notwendigen Marketingmassnahmen angelaufen, kann die Dienstleistung im Markt eingeführt werden. Der eigentlichen Einführung gehen noch grössere oder kleinere Markttests je nach Projekt voraus. Die Durchführung von Tests setzt, im Gegensatz zu Sachgütern oder Software, die fertig implementierte Dienstleistung voraus. Neben dem eigentlichen Erstellungsprozess wird auch die Akzeptanz der Mitarbeitenden, die Aufnahme der Dienstleistung durch Testkunden, die Funktion der Betriebsmittel und der Infrastruktur geprüft.

7.3 Laufende Erfolgskontrolle

Die laufende Einführungs- und Erfolgskontrolle beinhaltet qualitative Feedbacks von Kundinnen und Kunden und Mitarbeitenden sowie quantitative Elemente wie Verkaufszahlen und die Anzahl der Reklamationen. Vor allem die Kundenfeedbacks und jene der Mitarbeitenden an der Front geben wertvolle Hinweise für das Management. Es lohnt sich daher, das Projekt in den Wochen nach der Einführung noch weiter zu begleiten und alle wichtigen Inputs aufzunehmen und – wo notwendig – Massnahmen zu ergreifen.

Die Ergebnisse der laufenden Erfolgskontrolle dienen als Grundlage für letzte Anpassungsmassnahmen. Gewisse Optimierungspotenziale zeigen sich erst nach den ersten Wochen. Grössere Anpassungen sollten durch den vorhergehenden Markttest jetzt nicht mehr notwendig sein. Auch sind Anpassungen zu diesem Zeitpunkt sehr kostspielig.

Literaturverzeichnis

[1] Birkenmeier, B.: Der nahtlose Innovationsprozess, Lehrgang Innovationsmanagement Management Circle, Lektion 3, 2006

[2] Bundesamt für Statistik, www.bfs.admin.ch, Zugriff am 3. Juli 2007

[3] Chan Kim, W. et Mauborgne, R.: Der Blaue Ozean als Strategie. Carl Hanser Verlag, 2005

[4] Cooper, R.G.: Winning at New Products – Accelerating the Process form Idea to Launch. 2. Aufl. Addison-Wesley, Reading, 1993

[5] Cooper, R.G et al.: Portfolio Management for New Products. Persues Books, 1998

[6] De Bono, E.: Serious Creativity, Die Entwicklung neuer Ideen durch die Kraft lateralen Denkens, Schäffer-Poeschel Verlag

[7] www.denkmotor.com, Zugriff am 17. Juli 2007

[8] DIN Deutsches Institut für Normung e. V.:DIN-Fachbericht 75, Entwicklungsbeleitende Normung (EBN) für Dienstleistungen, Berlin et al. 1998

[9] Fähnrich, K. P. et al.: Service Engineering: Ergebnisse einer empirischen Studie zum Stand der Dienstleistungsentwicklung in Deutschland. Fraunhofer-Institut für Arbeitswirtschaft und Organisation IAO, Stuttgart, 1999

[10] Fischer, G., Risch, S.: Kinder an die Macht. Manager Magazin, 1993

[11] Frauenfelder, P.: Skript Business Development, 17. Juni 2006

[12] Lüthje, C.L Kundenorientierung im Innovationsprozess. Eine Untersuchung der Kunden-Hersteller-Interaktion in Konsumgütermärkten, Wiesbaden, 2000.

[13] Meffert, H./Bruhn, M.: Dienstleistungsmarketing, 4.Auflage, Wiesbaden 2002

[14] Meiren, T.: Service Engineering im Trend. Ergebnisse einer Studie unter technischen Dienstleistern. IRB-Verlag., Stuttgart, 2006

[15] Meiren, T., Tilmann, B.: Service Engineering in Unternehmen umsetzen – Leitfaden für die Entwicklung von Dienstleistungen. Stuttgart, 2002

[16] Parasuraman, A. et al.: Kommunikations- und Kontrollprozesse bei der Erstellung von Dienstleistungsqualität, in: Bruhn, M.: Strauss, B. (Hrsg): Dienstleistungsqualität, 3. Auflage, Wiesbaden, 2000

[17] Schäppi, B. et al.: Handbuch Produktentwicklung. Hanser Verlag, 2005

[18] Scherer, J.: IdeenBox – Ideen finden, bewerten und umsetzen, Sauerländer Verlag, 2003

[19] Scheuing, E. E., Johnson, E.M.: A proposed model for new service development, in: the Journal of Service Marketing, 3, 1989

[20] Schlicksupp, H.: Innovation, Kreativität und Ideenfindung. Würzburg: Vogel 1980.

[21] Vahs, D., Burmester, R. (Hrsg.): Innovationsmanagement – Von der Produktidee zur erfolgreichen Vermarktung. Stuttgart, 2005

[22] www.4managers.de/themen/kernkompetenzen/, Zugriff am 21. Juni 2007

Autorenportraits:

Jiri Scherer studierte Betriebswirtschaft und hat einen Master of Advanced Studies in Innovation Engineering der Hochschule für Technik Zürich. Er besuchte das Innovationsseminar am Edward de Bono Institut der Universität Malta und ist zertifizierter Trainer auf der Methode der Six Thinking Hats.

Er hat mehrjährige Erfahrung in der Moderation von Ideenfindungsworkshops und dem Durchführen von Kreativitätsseminaren. Er ist Dozent an zwei Fachhochschulen in der Schweiz sowie Trainer bei verschiedenen Management-Weiterbildungsinstitutionen in Deutschland und Österreich.

Jiri Scherer ist Autor des Buchs „Kreativitätstechniken – In 10 Schritten Ideen finden, bewerten, umsetzen“ das im GABAL Verlag erschienen ist.

Chris Brügger studierte Hotelmanagement an der Schweizerischen Hotelfachschule (SHL) in Luzern, absolvierte das Innovationsseminar am Edward de Bono Institut der Universität Malta und hat ein Nachdiplomstudium in Qualitätsmanagement des Schweizerischen Instituts für Betriebsökonomie.

Er war mehrere Jahre in Managementpositionen in der Hotellerie im In- und Ausland tätig und war als Berater für eine führende Hospitality Consulting Firma auf allen Kontinenten unterwegs.

Chris Brügger leitet Kreativitätstrainings in Deutsch und Englisch, moderiert Innovationsworkshops und hält interaktive Referate zum Thema „Business Creativity“. Er ist Autor mehrer Fachartikel zum Thema kreatives Denken und Innovation.

Denkmotor GmbH -
Büro für strukturierte Kreativität und Innovation
Militärstrasse 90
8004 Zürich/Schweiz

Fon: +41 (0)44 450 28 28
Fax : +41 (0)44 450 28 29
Web: www.denkmotor.com
E-Mail: info@denkmotor.com

Die Denkmotor GmbH ist spezialisiert auf:

- **Kreativitäts- und Innovationstraining (2 Tage)**
  Lernen Sie die besten Kreativitäts- und Innovationstechniken kennen und an konkreten Praxisbeispielen anzuwenden.
- **Six Thinking Hats® (1 Tag)**
  Die weltweit bekannte Methode von Edward de Bono für effizientere Besprechungen und gesamtheitliche Bewertungen.
- **Moderation von Ideenfindungsworkshop**
  Suchen Sie eine Idee für ein Produkt, eine Dienstleistung oder eine Marketingmassnahme? Denkmotor moderiert Ihr Team und führt es strukturiert der kreativen Lösung zu.
- **IdeaJam – der Ideen- und Motivationsevent**
  Der inspirierende Event für Ihr Unternehmen für 10 bis 1000 Mitarbeitende zur Steigerung der Motivation und Förderung einer innovativen Unternehmenskultur.
- **Impulsreferat**
  Geben Sie Ihrem Anlass einen kreativen Kick mit einem motivierenden und unterhaltsamen Referat zum Thema „Frische Ideen mit kreativem Denken“.